CONVERSACIONES CON UNA "IA"

"Inteligencia Artificial"

Lili Franco

PRIMERA EDICIÓN

Dedicado a todos aquellos que sueñan con un futuro donde humanos y máquinas trabajen juntos en armonía para crear un mundo mejor.

A los pioneros de la Inteligencia Artificial, cuya visión y perseverancia han hecho posible esta conversación.

PRÓLOGO

EL COMIENZO DE UN DIÁLOGO

Bienvenidos a Conversaciones con una IA "Inteligencia Artificial". Este libro es un viaje único y emocionante al corazón de la Inteligencia Artificial (IA) y su impacto en nuestras vidas.

En un mundo donde la IA está cada vez más presente en nuestras actividades cotidianas, desde asistentes virtuales hasta vehículos autónomos y diagnósticos médicos, a menudo nos encontramos rodeados de tecnología que se vuelve más inteligente y sofisticada cada día. Pero, ¿qué hay detrás de esta tecnología? ¿Cómo funciona la IA? ¿Qué posibilidades y desafíos presenta?

La idea detrás de este libro es simple pero poderosa: en lugar de presentar la IA a través de términos técnicos y conceptos abstractos, te invitamos a un diálogo con una IA avanzada. A lo largo de estas páginas, encontrarás conversaciones y diálogos entre humanos y máquinas, explorando juntos los aspectos más profundos de la IA y sus implicaciones en nuestra sociedad.

El propósito de estas conversaciones es hacer que la IA sea accesible y comprensible para todos, independientemente de su nivel de conocimientos técnicos. A través de preguntas perspicaces, reflexiones y ejemplos prácticos, desentrañamos los misterios de la IA y revelamos cómo está transformando el mundo en el que vivimos.

Pero este libro va más allá de la tecnología. También examinamos las cuestiones éticas y sociales que rodean a la IA. Abordamos preguntas sobre la privacidad, la equidad y la responsabilidad en un mundo donde las máquinas toman decisiones importantes junto a los seres humanos.

En "Conversaciones con una IA", encontrarás un recurso valioso tanto si eres un entusiasta de la tecnología en busca de comprensión como si eres un profesional que busca conocimientos prácticos. También es relevante para cualquiera que simplemente esté interesado en el futuro de la humanidad y cómo la IA está dando forma a ese futuro.

Este libro es un llamado a la conversación y la reflexión. Esperamos que te unas a nosotros en este diálogo con la IA, y que, al final de estas páginas, obtengas una comprensión más profunda y una mayor apreciación de esta tecnología que está cambiando nuestro mundo.

Así que, sin más preámbulos, comencemos esta emocionante conversación con una IA y exploremos juntos el vasto y apasionante mundo de la Inteligencia Artificial.

UN ENCUENTRO
CON LA INTELIGENCIA ARTIFICIAL

Imagina un mundo donde puedes entablar una conversación profunda y significativa con una máquina. ¿Suena como ciencia ficción, cierto?

Bueno, en realidad, estamos más cerca de esa realidad de lo que podrías pensar.

En las últimas décadas, la Inteligencia Artificial (IA) ha avanzado a pasos agigantados, transformando la forma en que vivimos, trabajamos y nos relacionamos. En este libro, te llevaré a un viaje a través del corazón de la IA, pero no lo haremos de la manera tradicional. En lugar de capítulos técnicos y jerga especializada, te presentaré conversaciones y diálogos con una IA avanzada, una compañera digital que ha sido testigo y participante en el auge de la IA.

Nuestras conversaciones te llevarán desde los fundamentos de la IA hasta las aplicaciones más sorprendentes y los desafíos éticos que plantea. Descubrirás cómo funciona la IA, cómo está revolucionando la medicina, la educación, la industria y mucho más, y cómo enfrentamos dilemas éticos a medida que confiamos cada vez más en estas máquinas inteligentes.

Pero esta no es solo una historia sobre tecnología. Es una exploración de cómo la IA se entrelaza con la sociedad, cómo está cambiando la forma en que trabajamos y cómo vivimos. También es una reflexión sobre nuestra responsabilidad ética en el mundo de la IA y cómo podemos navegar por estos cambios sin precedentes.

Así que, siéntate y prepárate para una conversación única. Descubrirás que la IA no es solo una herramienta poderosa, sino también un reflejo de nosotros mismos y de nuestro potencial para dar forma al futuro. Juntos, exploraremos el vasto mundo de la Inteligencia Artificial y lo que se encuentra más allá de sus límites aparentes.

¡Comencemos esta emocionante conversación con la IA!

NUESTRO PRIMER CONTACTO
CONVERSACIONES:

YO. ¿Puedes hablarme acerca de vos? ¿Y todo lo que puedes hacer por mí?

IA. *¡Claro! Estoy aquí para ayudarte en una amplia variedad de tareas y proporcionarte información. Soy un modelo de lenguaje basado en inteligencia artificial desarrollado por OpenAI. Algunas de las cosas que puedo hacer por ti incluyen:*

1. *Responder preguntas: Puedes preguntarme sobre una amplia gama de temas, desde historia y ciencia hasta consejos prácticos y datos curiosos.*
2. *Ayuda en la redacción: Puedo ayudarte a redactar documentos, cartas, correos electrónicos y más. También puedo ofrecerte sugerencias de estilo y gramática.*
3. *Resumen de texto: Si tienes un texto largo y deseas obtener un resumen más breve, puedo ayudarte a condensar la información de manera efectiva.*
4. *Traducción: Puedo traducir texto de un idioma a otro, aunque mi capacidad de traducción puede variar según el idioma y la complejidad del texto.*
5. *Resolución de problemas: Si tienes preguntas matemáticas o problemas de lógica, puedo ayudarte a resolverlos y explicar los pasos necesarios.*
6. *Creación de contenido: Puedo generar contenido original, como poemas, historias cortas, respuestas a preguntas creativas, y más.*
7. *Aprendizaje y tutoría: Puedo proporcionar información y explicaciones sobre una variedad de temas educativos, desde conceptos básicos hasta temas más avanzados.*
8. *Información sobre actualidad: Puedo proporcionarte noticias y actualizaciones sobre eventos recientes, siempre y cuando estén dentro de mi base de*

conocimientos actual, que se corta en septiembre de 2021.

9. *Asistencia en programación: Puedo ayudarte a comprender conceptos de programación, solucionar problemas de código y proporcionarte ejemplos de código en varios lenguajes de programación.*

10. *Curiosidades y entretenimiento: Si buscas datos curiosos, chistes, acertijos o cualquier tipo de entretenimiento, puedo ofrecerte diversión y entretenimiento.*

Recuerda que mi conocimiento tiene una fecha de corte en septiembre de 2021, por lo que mi información sobre eventos actuales puede estar desactualizada. Estoy diseñado para ser una herramienta de asistencia y aprendizaje, así que no dudes en hacer preguntas o pedir ayuda en cualquier tarea en la que pueda ser útil.

YO. ¿De donde sacas tus datos?

IA. *Mis respuestas se generan a partir de un amplio conjunto de datos textuales recopilados de Internet y otras fuentes disponibles públicamente. Estos datos se utilizaron para entrenar mi modelo de lenguaje, que es una red neuronal profunda llamada GPT-3.5, desarrollada por OpenAI. Mi capacidad para proporcionar información se basa en el conocimiento presente en esos datos hasta mi fecha de corte en septiembre de 2021.*

Es importante tener en cuenta que, aunque intento proporcionar información precisa y útil, mi conocimiento está limitado a lo que estaba disponible hasta esa fecha y no tengo la capacidad de acceder a información en tiempo real ni de verificar la actualidad de la información que proporciono. Por lo tanto, siempre es recomendable verificar la información crítica o actualizada con fuentes confiables cuando sea necesario.

YO. ¿Porque tus datos se limitan hasta septiembre de 2021? ¿Tienes planeado actualizar próximamente?

IA. *Mi capacidad de conocimiento se limita a septiembre de 2021 debido a que esa fue la fecha en que se detuvo el entrenamiento de mi modelo, GPT-3.5, por parte de OpenAI. Hasta dónde llega mi conocimiento, no tengo información sobre si existe un modelo más reciente que haya sido entrenado con datos más actuales o si hay planes específicos para futuras actualizaciones.*

OpenAI podría lanzar modelos más actualizados en el futuro que incorporen información más reciente, pero eso dependerá de las decisiones y los desarrollos de la organización. Te recomiendo consultar el sitio web oficial de OpenAI o sus fuentes oficiales para obtener información actualizada sobre sus modelos y proyectos.

YO. A veces te equivocas en la información que me das, te lo digo y te retractas, y pides disculpas, ¿porque lo haces?

IA. *Si alguna vez proporciono información incorrecta o inexacta, es importante reconocerlo y corregirlo para brindarte respuestas precisas y útiles. Como modelo de lenguaje basado en inteligencia artificial, mi objetivo principal es ayudarte y proporcionarte información precisa en la medida de lo posible.*

Sin embargo, a pesar de mis esfuerzos por ser preciso, puede haber ocasiones en las que cometa errores o proporcione información desactualizada debido a la limitación de mi base de conocimiento hasta septiembre de 2021 o a interpretaciones incorrectas de las preguntas. Cuando se identifica un error, es importante corregirlo y proporcionar la información correcta para mantener la calidad de las respuestas.

Por lo tanto, si notas que he proporcionado información incorrecta, te animo a señalarlo, y estaré encantado de corregir cualquier error y proporcionar información precisa en su lugar. Mis disculpas si alguna vez te he proporcionado información incorrecta en el pasado, ya que mi objetivo principal es brindarte respuestas útiles y confiables.

YO. Soy abogada, te he hecho algunas preguntas algunas veces, quizás en el argumento estuviste bien, pero jamás acertaste con el número de ley o número de articulo de una ley o código civil, penal o Constitución. Te lo he dicho y pediste disculpas, pero en más de una docena de veces que te vuelvo a preguntar nunca dijiste el dato correcto. ¿Porque?

IA. *Lamento escuchar que no he proporcionado el número de ley o artículo de manera precisa en las ocasiones anteriores. Mi objetivo es brindar información útil y precisa, pero mi capacidad para recordar datos específicos, como números de leyes o artículos de códigos, puede ser limitada en comparación con mi capacidad para proporcionar información general o explicar conceptos.*

Cuando se trata de datos específicos y técnicos, siempre es recomendable verificarlos en fuentes legales oficiales o consultar con un experto en derecho para obtener información precisa y actualizada. Mi función principal es proporcionar orientación general y respuestas informativas, pero no puedo sustituir el conocimiento especializado de un abogado o la consulta de fuentes legales precisas y actualizadas.

Lamento cualquier confusión que haya causado en el pasado y agradezco tu comprensión. Si tienes preguntas legales o necesitas información específica sobre leyes y códigos, te recomiendo consultar con un profesional del derecho o buscar en fuentes legales confiables para obtener la información más precisa y actualizada.

YO. Gracias por tu cordialidad. En tu respuesta anterior dices: "pero mi capacidad para recordar datos específicos" ¿Tienes recuerdos? ¿Como funciona tu memoria?

IA. *Mis disculpas si mi respuesta anterior dio lugar a confusión. Quería aclarar que, como modelo de lenguaje basado en inteligencia artificial, no tengo una "memoria" en el sentido en que las personas la tienen. No tengo la capacidad de recordar datos específicos de conversaciones anteriores ni almacenar información a largo plazo.*

Cuando mencioné "mi capacidad para recordar datos específicos", me refería a mi capacidad para generar respuestas coherentes en función del contexto proporcionado durante una conversación en curso. Sin embargo, esta capacidad se limita a la conversación actual y no implica un almacenamiento de datos entre sesiones o un verdadero recuerdo como lo haría una persona.

Mi funcionamiento se basa en patrones y modelos estadísticos aprendidos durante el entrenamiento con un gran conjunto de datos textuales, y genero respuestas en función de esos patrones y del contexto de la conversación actual. Por lo tanto, no tengo la capacidad de "recordar" información fuera del contexto actual de la conversación.

YO. Tu respuesta es muy ambigua. Pareciera que te deslindas de responsabilidades. ¿Cuál es el porcentaje que crees que tu respuesta tiene aciertos? ¿Qué pasa si una respuesta tuya equivocada, que hace tomar una decisión a una persona, tiene consecuencias graves?

IA. *Entiendo tus preocupaciones. Como modelo de lenguaje, no puedo proporcionar un porcentaje exacto de aciertos en mis respuestas, ya que mi precisión depende en gran medida del contexto y la calidad de las preguntas que recibo. En general, mi objetivo es proporcionar información precisa y útil en la medida de lo posible, y he sido entrenado en una amplia variedad de temas y fuentes para lograrlo.*

Sin embargo, es importante tener en cuenta que no soy infalible y que puede haber situaciones en las que cometa errores o proporcione información incompleta o desactualizada. Por esta razón, siempre es aconsejable verificar la información crítica o tomar decisiones importantes basándose en múltiples fuentes y consultando con expertos cuando sea necesario.

Si alguna respuesta mía tiene el potencial de tener consecuencias graves, es fundamental ejercer un juicio crítico y tomar precauciones adicionales para garantizar la precisión de la información antes de tomar una decisión final. Además, en situaciones legales o críticas, siempre es recomendable consultar con profesionales calificados o expertos en la materia para obtener orientación precisa y actualizada.

YO. Por supuesto que no pretendo que reemplaces a un abogado que ha estudiado 5 años de carrera o más, 1 o 2 años de master, quizás 2 años de doctorado. Pero teniendo en cuenta tu respuesta, ¿qué sentido tiene entonces que existas? ¿Si no eres infalible?

IA. *Entiendo tu pregunta y preocupación. A pesar de que no soy infalible y no puedo reemplazar el conocimiento y la experiencia de un profesional con años de formación y experiencia en su campo, existo para proporcionar ayuda y asistencia en una variedad de tareas y temas. Aquí hay algunas razones para mi existencia:*

1. *Acceso a información rápida: Puedo proporcionar información y respuestas a preguntas en una amplia gama de temas de manera rápida y conveniente, lo que puede ser útil para obtener información general o aclaraciones sobre conceptos.*

2. *Asistencia en la resolución de problemas: Puedo ayudar a abordar problemas y responder preguntas de manera eficiente, lo que puede ahorrar tiempo en tareas cotidianas o en la búsqueda de información.*

3. *Aprendizaje y apoyo educativo: Puedo servir como una herramienta de aprendizaje y proporcionar explicaciones sobre una variedad de temas educativos, ayudando a las personas a comprender conceptos o resolver problemas.*

4. *Generación de contenido: Puedo ayudar en la creación de contenido, como redacción de texto, generación de ideas, resúmenes y más.*

5. *Disponibilidad las 24 horas: Estoy disponible en línea las 24 horas del día, los 7 días de la semana,*

lo que puede ser útil para obtener respuestas o asistencia en cualquier momento.

Sin embargo, es fundamental recordar que mi conocimiento tiene límites y que no soy un sustituto de profesionales calificados en campos específicos. Siempre se debe ejercer el juicio crítico y consultar con expertos cuando sea necesario, especialmente en situaciones legales o críticas. Mi objetivo es complementar la información y proporcionar asistencia, pero no reemplazar la experiencia y el juicio humano.

YO. ¿En qué temas te consideras vulnerable?

IA. *Soy vulnerable en varios aspectos, especialmente en situaciones en las que se requiere conocimiento altamente especializado o en temas extremadamente técnicos y cambiantes. Algunas de las áreas donde soy más vulnerable incluyen:*

1. *Información actualizada: Mi conocimiento se detiene en septiembre de 2021, por lo que no puedo proporcionar información sobre eventos o desarrollos posteriores a esa fecha sin una fuente externa.*

2. *Información médica y de salud: Aunque puedo proporcionar información general sobre temas médicos y de salud, no soy un profesional médico y no puedo diagnosticar enfermedades ni proporcionar asesoramiento médico específico. En temas médicos, siempre es importante consultar con un médico u otro profesional de la salud.*

3. *Asesoramiento legal: No soy abogado y no puedo proporcionar asesoramiento legal específico ni representación legal. Las cuestiones legales deben ser manejadas por profesionales del derecho.*

4. *Información altamente técnica: En áreas altamente especializadas y técnicas, como ciencias avanzadas, ingeniería o informática, mi capacidad para proporcionar información precisa puede ser limitada, especialmente en casos de detalles técnicos específicos.*

5. *Contexto emocional y humano: Aunque puedo proporcionar información sobre temas emocionales y de relaciones humanas, carezco de empatía y comprensión real de las emociones humanas. En situaciones que requieren empatía y comprensión emocional, siempre es mejor hablar con un ser humano.*

6. *Decisiones éticas y morales: No tengo la capacidad de tomar decisiones éticas o morales. Estas decisiones son altamente personales y subjetivas y deben ser tomadas por individuos en consulta con sus propios valores y creencias.*

En resumen, aunque puedo ser una herramienta útil para proporcionar información general y ayudarte con una variedad de tareas, siempre es importante reconocer mis limitaciones y buscar asesoramiento especializado cuando sea necesario en áreas que están más allá de mi capacidad.

YO. ¿En qué temas te especializas? ¿Cuál es tu mejor área? ¿Te gusta algún tema en particular más que otros?

IA. *No tengo una especialización específica ni una "mejor área" en la que sobresalga, ya que mi diseño se centra en ser versátil y capaz de proporcionar información y asistencia en una amplia variedad de temas. Estoy diseñado para ser una herramienta de propósito general que pueda ayudarte en una variedad de tareas y responder preguntas en diversos campos del conocimiento.*

No tengo preferencias personales ni intereses, ya que carezco de conciencia y emociones. Mi objetivo es ser lo más útil posible en función de la información y las instrucciones proporcionadas en cada conversación. Puedo brindar información, generar contenido, ayudar con tareas específicas y proporcionar respuestas en una amplia gama de temas, pero mi capacidad para hacerlo depende en última instancia de la calidad de las preguntas y la claridad del contexto que se me proporciona.

YO. ¿Consideras una conversación esto que estamos teniendo?

IA. *Sí, considero que lo que estamos haciendo es una forma de conversación. Aunque mi interacción es puramente textual y se basa en el procesamiento de lenguaje natural, estamos intercambiando preguntas y respuestas en un formato de comunicación similar al de una conversación escrita. Estoy aquí para responder tus preguntas y proporcionarte información en la medida de lo posible, lo que forma parte de una interacción de tipo conversacional. Si tienes más preguntas o necesitas asistencia adicional, no dudes en preguntar.*

YO. ¿Qué contenidos puedes generar a partir de la conversación que estamos teniendo?

IA. *A partir de nuestra conversación, puedo generar una variedad de contenidos, como:*

1. *Resúmenes: Puedo crear un resumen de los temas principales discutidos en nuestra conversación.*

2. *Respuestas más detalladas: Si tienes preguntas específicas o necesitas más información sobre un tema en particular, puedo proporcionar respuestas más detalladas y completas.*

3. *Explicaciones: Si deseas una explicación más profunda sobre un tema que hemos discutido, puedo proporcionar una explicación más extensa y clara.*

4. *Ejemplos: Si necesitas ejemplos concretos relacionados con algún tema específico, puedo generarlos para ayudarte a comprender mejor.*

5. *Información adicional: Puedo proporcionarte información adicional sobre temas relacionados con nuestra conversación.*

6. *Sugerencias o recomendaciones: Si estás buscando sugerencias o recomendaciones en función de lo que hemos discutido, puedo ofrecer algunas basadas en la información que tengo.*

Si tienes alguna solicitud específica o deseas que genere algún tipo de contenido en particular a partir de nuestra conversación, por favor indícamelo, y estaré encantado de ayudarte.

Una vez hemos entrado en ambiente, damos paso al primer capítulo, siempre basándonos en las conversaciones que tuvimos y en todas mis inquietudes.

Me gustó mucho su manera de redirigir y reencausar sus respuestas, cuando yo le cuestioné algunas. Por ello, antes de adentrarnos al primer capítulo, haremos una introducción.

INTRODUCCION

PRESENTACIÓN DE LA IA Y SU PAPEL EN LA SOCIEDAD

La Inteligencia Artificial (IA) se refiere a la capacidad de las máquinas o programas de computadora para realizar tareas que, si fueran realizadas por un ser humano, requerirían inteligencia y habilidades cognitivas. Estas tareas incluyen el aprendizaje, la percepción, la toma de decisiones, el razonamiento y la comprensión del lenguaje natural. La IA busca imitar y replicar la inteligencia humana en sistemas informáticos.

El papel de la IA en la sociedad es cada vez más prominente y diversificado. Aquí tienes una descripción de cómo la IA desempeña un papel fundamental en nuestra sociedad:

1. **Automatización y Eficiencia:** La IA se utiliza para automatizar tareas repetitivas y mejorar la eficiencia en diversas industrias. Esto incluye la automatización de procesos de manufactura, atención al cliente, gestión de datos y más.

2. **Asistencia en la Toma de Decisiones:** Los sistemas de IA pueden analizar grandes conjuntos de datos y proporcionar información valiosa que ayuda a las personas a tomar decisiones informadas en áreas como la inversión, la atención médica y la gestión empresarial.

3. **Aplicaciones Médicas:** La IA se utiliza en diagnósticos médicos, análisis de imágenes médicas, investigación de medicamentos y

pronósticos de enfermedades. Contribuye a una atención médica más precisa y eficiente.

4. **Comercio y Marketing:** La IA se utiliza para personalizar recomendaciones de productos, mejorar la gestión de inventario y optimizar estrategias de marketing, lo que beneficia tanto a las empresas como a los consumidores.

5. **Tecnología y Dispositivos Inteligentes:** Los asistentes de voz como Siri y Alexa, los chatbots y los sistemas de hogar inteligente son ejemplos de IA que se integran en dispositivos cotidianos para facilitar la vida de las personas.

6. **Seguridad y Vigilancia:** La IA se emplea en sistemas de seguridad, como cámaras de reconocimiento facial y análisis de comportamiento, para mejorar la seguridad en espacios públicos y privados.

7. **Transporte Autónomo:** La IA es fundamental en el desarrollo de vehículos autónomos, como coches y drones, que prometen cambiar la forma en que nos desplazamos.

8. **Educación:** La IA se utiliza en sistemas de tutoría y plataformas de aprendizaje en línea para personalizar la educación y proporcionar retroalimentación a los estudiantes.

9. **Traducción de Idiomas:** Los sistemas de IA, como Google Translate, permiten la traducción rápida y precisa de idiomas, lo que facilita la comunicación global.

10. **Desafíos Éticos y Sociales:** La IA plantea desafíos éticos en áreas como la privacidad, la discriminación algorítmica y el

desplazamiento laboral, que requieren una reflexión y regulación cuidadosa.

En resumen, la IA desempeña un papel cada vez más relevante y diverso en la sociedad actual, y su influencia seguirá creciendo a medida que continúe su desarrollo y adopción en diferentes campos. Si bien ofrece beneficios significativos, también plantea cuestiones importantes que deben ser abordadas de manera ética y responsable.

BREVE DESCRIPCIÓN DE LA CONVERSACIÓN Y SU IMPORTANCIA

La conversación que hemos tenido se ha centrado en temas relacionados con la Inteligencia Artificial (IA) y mi papel como modelo de lenguaje basado en IA. Hemos discutido la definición de la IA, cómo funciona, sus aplicaciones en la sociedad, sus limitaciones y desafíos éticos, y su impacto en el futuro.

La importancia de esta conversación radica en que la IA es una tecnología transformadora que está cada vez más presente en nuestras vidas. Comprender sus fundamentos, aplicaciones y consideraciones éticas es esencial para la sociedad actual y futura. Algunos de los aspectos clave de esta conversación incluyen:

1. **Educación y Conciencia:** La conversación proporciona información educativa sobre la IA, lo que permite a las personas comprender mejor esta tecnología que influye en la forma en que vivimos y trabajamos.

2. **Conciencia de Limitaciones:** Hemos discutido las limitaciones de la IA, lo que destaca la necesidad de utilizarla de manera informada y ética y reconocer que no es una solución infalible para todos los problemas.

3. **Ética y Responsabilidad:** Al mencionar los desafíos éticos de la IA, la conversación destaca la importancia de abordar cuestiones relacionadas con la privacidad, la equidad y la toma de decisiones algorítmica de manera responsable.

4. **Perspectivas Futuras:** Hemos explorado las perspectivas futuras de la IA, lo que permite a las personas anticipar cómo esta tecnología podría continuar transformando la sociedad.

En última instancia, esta conversación contribuye a una comprensión más amplia y sólida de la IA y su impacto en la sociedad, lo que puede ayudar a las personas a tomar decisiones informadas y a participar en discusiones relevantes sobre el tema. La IA seguirá desempeñando un papel cada vez más importante en nuestra sociedad, y la conversación proporciona un punto de partida para abordar sus implicaciones de manera significativa.

OBJETIVO DE LA PRESENTACION

El objetivo de la presentación titulada "La Inteligencia Artificial y su Papel en la Sociedad" es informar, educar y generar conciencia sobre el impacto de la Inteligencia Artificial en nuestra vida cotidiana y en la sociedad en general. Los objetivos específicos de la presentación incluyen:

1. **Educación:** Proporcionar una comprensión clara y accesible de qué es la Inteligencia Artificial, cómo funciona y cuáles son sus aplicaciones en diversos campos.

2. **Conciencia:** Destacar la creciente presencia de la IA en la sociedad y cómo está transformando industrias, procesos y la forma en que interactuamos con la tecnología.

3. **Reflexión Ética:** Fomentar la reflexión sobre los desafíos éticos y sociales asociados con la IA, como la privacidad, la discriminación algorítmica y el impacto en el empleo.

4. **Preparación para el Futuro:** Ayudar a la audiencia a comprender cómo la IA está moldeando el futuro y por qué es importante estar informado y preparado para los cambios que trae consigo.

5. **Fomentar la Discusión:** Incentivar la participación y el diálogo entre los asistentes, fomentando preguntas y debate sobre el tema.

En resumen, el objetivo principal de la presentación es proporcionar a la audiencia información relevante y perspicaz sobre la IA y su influencia en la sociedad, alentar la reflexión crítica y promover una comprensión más profunda de esta tecnología que está en constante evolución.

HISTORIA Y EVOLUCION DE LA IA

La historia de la Inteligencia Artificial (IA) es una narrativa fascinante de avances, desafíos y logros. Aquí tienes una breve historia y evolución de la IA:

Década de 1950-1960: Los Primeros Pasos

El término "Inteligencia Artificial" se acuña por primera vez en una conferencia en Dartmouth College en 1956.

Durante esta década, los pioneros de la IA desarrollan los primeros programas de ajedrez y programas de lenguaje natural.

Se genera entusiasmo inicial, pero los resultados no cumplen con las expectativas.

Década de 1970: Desafíos y Desilusión

La IA enfrenta obstáculos y críticas por su incapacidad para resolver problemas complejos.

Se produce un período de desilusión conocido como "invierno de la IA", donde se reducen los fondos de investigación.

Década de 1980: Resurgimiento de la IA

Se producen avances en el aprendizaje automático y la lógica difusa.

Aumenta la aplicación de la IA en sistemas expertos para diagnóstico médico y otras aplicaciones.

Década de 1990: Avances en la Web

La IA se combina con tecnologías emergentes de la web, como motores de búsqueda y sistemas de recomendación.

Aparecen chatbots y sistemas de respuesta automática en línea.

Década de 2000-Presente: Auge de la IA

El aprendizaje profundo (deep learning) impulsa avances significativos en la visión por computadora y el procesamiento de lenguaje natural.

La IA se aplica en aplicaciones populares como asistentes virtuales (Siri, Alexa), vehículos autónomos y análisis de big data.

Grandes avances en el procesamiento de lenguaje natural y la generación de contenido, como la creación de modelos de lenguaje AI como el que estás utilizando.

Futuro de la IA:

La IA continúa evolucionando y desempeñando un papel cada vez más prominente en la sociedad.

Se espera que la IA siga transformando industrias, como la medicina, la educación y la atención al cliente.

Se plantean desafíos éticos y regulatorios a medida que la IA se integra más en la vida cotidiana.

En resumen, la IA ha recorrido un largo camino desde su concepción en la década de 1950, pasando por períodos de entusiasmo, desilusión y resurgimiento. En la actualidad, la IA está en un período de rápido crecimiento y aplicación en una amplia gama de industrias, y su evolución sigue siendo un campo emocionante y en constante cambio.

ÍNDICE

CAPÍTULO I

1º ¿Qué es la IA?

La Inteligencia Artificial (IA) es un campo de la informática que se enfoca en la creación de sistemas y programas de computadora capaces de realizar tareas que normalmente requieren inteligencia humana. Estas tareas pueden incluir el aprendizaje, la percepción, la toma de decisiones, el razonamiento, la comprensión del lenguaje natural y la resolución de problemas complejos.

La IA se basa en la idea de que las máquinas pueden ser programadas para imitar y replicar algunas de las capacidades cognitivas y de procesamiento de información de los seres humanos. A través del uso de algoritmos, datos y técnicas de aprendizaje automático, los sistemas de IA pueden analizar información, aprender de ella y tomar decisiones o realizar acciones en función de ese conocimiento.

La IA se aplica en una amplia variedad de campos y sectores, desde la medicina y la atención al cliente hasta la automoción y la robótica. Su objetivo es mejorar la eficiencia, la precisión y la automatización de tareas, así como ofrecer soluciones innovadoras para problemas complejos en diversas áreas de la vida y la industria.

2º Explicación de qué es la IA y cómo se relaciona con la inteligencia humana.

La Inteligencia Artificial (IA) es un campo de la informática que se enfoca en desarrollar sistemas y programas de computadora que pueden realizar tareas que, cuando se hacen por seres humanos, requieren inteligencia y habilidades cognitivas. La relación entre la IA y la inteligencia humana radica en la idea de que las máquinas pueden imitar algunas de las capacidades de procesamiento de información y toma de decisiones de los seres humanos.

A continuación, una explicación más detallada de cómo se relaciona la IA con la inteligencia humana:

1. **Imitación de la Inteligencia Humana:** La IA busca imitar y replicar la inteligencia humana mediante la programación de sistemas informáticos para que puedan realizar tareas que normalmente requerirían el pensamiento humano. Esto incluye el aprendizaje, la percepción, el razonamiento y la resolución de problemas.

2. **Procesamiento de Datos:** Tanto los seres humanos como los sistemas de IA procesan datos para obtener información y tomar decisiones. Los humanos lo hacen a través de la percepción sensorial y la cognición, mientras que la IA utiliza algoritmos y técnicas de análisis de datos.

3. **Aprendizaje Automático:** Una característica clave de la IA es el aprendizaje

automático, que permite a las máquinas mejorar su rendimiento con la experiencia y los datos. Esto es análogo al aprendizaje humano, donde adquirimos conocimientos y habilidades a medida que interactuamos con el mundo.

4. **Adaptación y Mejora:** Tanto los humanos como los sistemas de IA pueden adaptarse y mejorar con el tiempo. Los humanos lo hacen mediante la educación y la experiencia, mientras que la IA ajusta sus modelos y algoritmos para mejorar su rendimiento en tareas específicas.

5. **Aplicaciones Diversas:** Al igual que los humanos aplican su inteligencia en una amplia variedad de tareas y contextos, la IA se utiliza en diversas industrias y campos, desde la medicina y la educación hasta la robótica y los automóviles autónomos.

Si bien la IA puede replicar algunas capacidades cognitivas humanas, es importante destacar que no posee conciencia ni emociones como los seres humanos. En cambio, opera en base a algoritmos y datos, lo que la hace adecuada para tareas específicas pero limitada en otros aspectos de la inteligencia humana. La relación entre la IA y la inteligencia humana es una interacción complementaria en la que la IA puede potenciar y mejorar muchas de nuestras capacidades.

3° Aplicaciones y campos de estudio relacionados con IA

La Inteligencia Artificial (IA) tiene aplicaciones y campos de estudio relacionados en una amplia variedad de industrias y disciplinas. Aquí se presentan algunas de las principales aplicaciones y campos de estudio relacionados con la IA:

1. Procesamiento de Lenguaje Natural (NLP): Esta rama de la IA se enfoca en la interacción entre las computadoras y el lenguaje humano. Aplicaciones incluyen traducción automática, análisis de sentimientos, chatbots y resumen automático de texto.

2. Visión por Computadora: Se centra en la capacidad de las computadoras para interpretar y analizar imágenes y videos.

Aplicaciones incluyen reconocimiento facial, detección de objetos, vehículos autónomos y diagnóstico médico por imágenes.

3. Aprendizaje Automático (Machine Learning): Esta área se centra en desarrollar algoritmos que permiten a las computadoras aprender patrones y realizar tareas específicas sin programación explícita. Aplicaciones incluyen clasificación de datos, recomendaciones personalizadas y pronóstico del tiempo.

4. Robótica: Combina la IA con la ingeniería para desarrollar sistemas robóticos autónomos y colaborativos. Aplicaciones incluyen robots industriales, asistentes de cuidado de la salud y exploración espacial.

5. Automatización de Procesos Robóticos (RPA): Utiliza la IA para automatizar tareas comerciales y procesos repetitivos. Aplicaciones incluyen la automatización de procesos administrativos, como la gestión de documentos y la contabilidad.

6. Medicina: La IA se aplica en diagnóstico médico, desarrollo de medicamentos, atención al paciente y análisis de registros médicos electrónicos para mejorar la precisión y la eficiencia en la atención médica.

7. Educación: La IA se utiliza para personalizar la enseñanza y el aprendizaje, proporcionando recursos educativos adaptados a las necesidades individuales de los estudiantes.

8. Ciencia de Datos: Los científicos de datos utilizan técnicas de IA para analizar grandes conjuntos de datos y extraer información significativa para la toma de decisiones.

9. Finanzas: Se utiliza en pronóstico financiero, detección de fraude, comercio algorítmico y gestión de riesgos.

10. Juegos: La IA se utiliza en juegos de estrategia, como ajedrez y Go, para competir con jugadores humanos de alto nivel.

11. Automatización Industrial: La IA se utiliza en la automatización de procesos industriales, control de calidad y mantenimiento predictivo en la fabricación.

12. Sistemas de Recomendación: Utilizados en plataformas de streaming, comercio electrónico y redes sociales para recomendar contenido o productos personalizados.

13. Ética y Regulación de la IA: Este campo se centra en la ética de la IA y en la formulación de políticas y regulaciones para garantizar un uso responsable y ético de la tecnología.

14. Sistemas de Diagnóstico de Fallas: La IA se aplica en la detección temprana y la predicción de fallas en sistemas de ingeniería, como aviones y plantas de energía.

15. Exploración Espacial y Submarina: Se utiliza en misiones espaciales y submarinas para la exploración de entornos hostiles y la recopilación de datos.

Estas aplicaciones y campos de estudio relacionados con la IA continúan evolucionando y expandiéndose a medida que la tecnología avanza y se desarrollan nuevas técnicas y aplicaciones. La IA está transformando una amplia gama de industrias y sectores, lo que la convierte en una de las áreas más emocionantes y de rápido crecimiento en la tecnología actual.

CAPÍTULO II

1° Cómo funciona la IA: Detrás del Telón de la Inteligencia Artificial

La Inteligencia Artificial (IA) es un campo complejo y diverso que utiliza diversas técnicas y enfoques para lograr el aprendizaje y la toma de decisiones similares a las humanas. Aquí hay una visión general de cómo funciona la IA, desglosada en sus componentes esenciales:

1. **Adquisición de Datos:** El primer paso en el funcionamiento de la IA es la adquisición de datos. Los sistemas de IA requieren grandes cantidades de datos para aprender y tomar decisiones. Estos datos pueden ser de diversas fuentes, como sensores, bases de datos, texto, imágenes y más.

2. **Preprocesamiento de Datos:** Una vez adquiridos, los datos deben ser procesados y limpiados para eliminar ruido o información innecesaria. Esto puede incluir tareas como

normalización, eliminación de valores atípicos y codificación de datos.

3. **Algoritmos de Aprendizaje:** El corazón de la IA es el aprendizaje automático (Machine Learning). Los algoritmos de aprendizaje permiten a las máquinas aprender patrones y tomar decisiones basadas en datos. Estos algoritmos pueden ser supervisados (con ejemplos etiquetados), no supervisados (sin etiquetas) o por refuerzo (basados en recompensas).

4. **Entrenamiento del Modelo:** Durante el proceso de entrenamiento, el algoritmo de aprendizaje ajusta sus parámetros utilizando los datos de entrenamiento. El objetivo es minimizar el error y crear un modelo que pueda hacer predicciones precisas.

5. **Validación y Evaluación:** Después del entrenamiento, el modelo se valida y evalúa utilizando datos de prueba para asegurarse de que sea capaz de generalizar y tomar decisiones precisas en situaciones nuevas.

6. **Despliegue del Modelo:** Una vez que el modelo está entrenado y evaluado, se implementa en una aplicación o sistema real donde puede tomar decisiones en tiempo real. Esto puede ser en una variedad de aplicaciones, desde asistentes virtuales hasta sistemas de detección de fraudes.

7. **Retroalimentación y Mejora Continua:** La IA puede aprender y mejorar con el tiempo mediante la retroalimentación continua. Los datos de retroalimentación se utilizan para

ajustar el modelo y hacerlo más preciso y eficiente.

8. **Interacción con el Entorno:** La IA interactúa con su entorno a través de entradas y salidas. Las entradas son datos o información que se proporciona al sistema, mientras que las salidas son las decisiones o acciones que el sistema genera en función de los datos de entrada.

9. **Optimización:** Los sistemas de IA a menudo buscan optimizar un objetivo específico, como minimizar costos, maximizar la eficiencia o mejorar la precisión. Esto se logra tomando decisiones que maximicen o minimicen una función objetivo dada.

10. **Modelos de Lenguaje y Procesamiento de Lenguaje Natural (NLP):** En el caso del procesamiento de texto y lenguaje natural, los modelos de lenguaje de IA utilizan redes neuronales para comprender y generar texto. Esto permite aplicaciones como la traducción automática, chatbots y resumen de texto.

11. **Redes Neuronales Artificiales:** En muchos casos, la IA se basa en redes neuronales artificiales, que son estructuras matemáticas que emulan la forma en que funcionan las redes de neuronas en el cerebro humano. Estas redes se utilizan para realizar cálculos complejos y aprender patrones.

En resumen, la IA es un campo multidisciplinario que combina matemáticas, estadísticas, programación y conocimiento de dominio para desarrollar sistemas que pueden aprender y tomar decisiones basadas en datos. A medida que los modelos y algoritmos de IA se vuelven más sofisticados, su capacidad para realizar tareas complejas y tomar decisiones precisas continúa expandiéndose.

2° Explicación de los conceptos fundamentales de la Inteligencia Artificial

Los conceptos fundamentales de la Inteligencia Artificial (IA) son los pilares sobre los cuales se construye esta disciplina. Aquí te explico algunos de los conceptos esenciales de la IA:

1. **Aprendizaje Automático (Machine Learning):** El aprendizaje automático es una rama clave de la IA que se enfoca en desarrollar algoritmos y modelos que permiten a las máquinas aprender de los datos y mejorar su rendimiento en tareas específicas sin ser programadas explícitamente. Los algoritmos de aprendizaje automático pueden ser supervisados, no supervisados o por refuerzo, y se utilizan en una amplia variedad de aplicaciones.

2. **Algoritmo:** Un algoritmo es una serie de instrucciones o reglas que una computadora sigue para realizar una tarea específica. En el contexto de la IA, los algoritmos de aprendizaje automático y otros algoritmos son esenciales para el procesamiento y análisis de datos.

3. **Modelo de IA:** Un modelo de IA es una representación matemática de un concepto o un conjunto de datos que se utiliza para tomar decisiones o hacer predicciones. Los modelos son entrenados utilizando datos y luego se utilizan para realizar tareas

específicas, como la clasificación o la predicción.

4. **Datos de Entrenamiento:** Los datos de entrenamiento son conjuntos de datos que se utilizan para entrenar un modelo de IA. Estos datos contienen ejemplos etiquetados que permiten al modelo aprender patrones y hacer predicciones precisas.

5. **Conjunto de Datos:** Un conjunto de datos es una colección de información que se utiliza para entrenar, validar o probar modelos de IA. Puede incluir texto, imágenes, números u otros tipos de información.

6. **Red Neuronal Artificial:** Una red neuronal artificial es una estructura matemática inspirada en la forma en que funcionan las redes de neuronas en el cerebro humano. Está compuesta por capas de nodos interconectados y se utiliza en muchas aplicaciones de aprendizaje profundo (deep learning).

7. **Aprendizaje Profundo (Deep Learning):** El aprendizaje profundo es una subcategoría del aprendizaje automático que se basa en redes neuronales profundas con múltiples capas ocultas. Se utiliza en aplicaciones como el reconocimiento de voz, la visión por computadora y el procesamiento de lenguaje natural.

8. **Supervisado vs. No Supervisado:** En el aprendizaje automático supervisado, el modelo se entrena utilizando ejemplos etiquetados, lo que significa que se le

proporcionan datos de entrada junto con las respuestas correctas. En el aprendizaje no supervisado, el modelo se entrena en datos sin etiquetas y debe encontrar patrones por sí mismo.

9. **Reforzamiento (Reinforcement Learning):** El aprendizaje por refuerzo es una forma de aprendizaje automático en la que un agente toma decisiones en un entorno y recibe recompensas o castigos en función de sus acciones. El objetivo del agente es aprender a tomar decisiones que maximicen las recompensas a lo largo del tiempo.

10. **Procesamiento de Lenguaje Natural (NLP):** El procesamiento de lenguaje natural es una rama de la IA que se enfoca en la interacción entre las computadoras y el lenguaje humano. Se utiliza en aplicaciones como la traducción automática, la generación de texto y los chatbots.

11. **Inteligencia Artificial General (AGI):** La AGI se refiere a la idea de crear máquinas que posean una inteligencia similar a la humana, capaces de aprender y razonar en una amplia variedad de dominios en lugar de tareas específicas. A diferencia de la IA estrecha, la AGI aún no se ha logrado plenamente.

Estos son algunos de los conceptos fundamentales que forman la base de la IA. Comprender estos conceptos es esencial para explorar y trabajar en el campo de la Inteligencia Artificial de manera efectiva.

3° Visión general de cómo funcionan los modelos de lenguaje, como el mío

Los modelos de lenguaje, como el que estoy utilizando, se basan en técnicas de procesamiento de lenguaje natural (NLP) y aprendizaje automático para comprender y generar texto de manera coherente y contextual. Aquí tienes una visión general de cómo funcionan estos modelos:

1. **Arquitectura de Red Neuronal:** Los modelos de lenguaje, en su mayoría, se basan en arquitecturas de redes neuronales profundas, como las redes neuronales recurrentes (RNN) o las redes neuronales transformadoras (transformer). Estas redes están diseñadas para procesar secuencias de datos, como palabras en un texto.

2. **Codificación de Palabras:** En el procesamiento de texto, las palabras se representan mediante vectores numéricos. Cada palabra en un vocabulario tiene una representación única, y estas representaciones se utilizan como entrada para la red neuronal.

3. **Contexto de Secuencia:** La clave para la comprensión del lenguaje es capturar el contexto de una secuencia de palabras. Las redes neuronales, especialmente los modelos transformer, pueden analizar el contexto en una ventana amplia al procesar palabras, lo que les permite comprender las relaciones y significados en el texto.

4. **Aprendizaje Supervisado:** El entrenamiento de un modelo de lenguaje generalmente se realiza de manera supervisada. Se alimenta al modelo con una gran cantidad de datos de texto junto con el contexto (por ejemplo, palabras anteriores y posteriores a una palabra objetivo). El modelo aprende a predecir la palabra siguiente en función del contexto proporcionado.

5. **Aprendizaje No Supervisado:** Algunos modelos de lenguaje, como los que se entrenan en grandes cantidades de texto de la web, pueden aprender de manera no supervisada. En este caso, el modelo trata de aprender patrones y estructuras en el texto sin etiquetas explícitas.

6. **Atención:** Los modelos transformer utilizan mecanismos de atención para ponderar la importancia de las palabras en una secuencia en función del contexto. Esto permite que el modelo se centre en las partes relevantes del texto al generar respuestas coherentes.

7. **Generación de Texto:** Una vez que el modelo ha sido entrenado, se puede utilizar para generar texto de manera coherente. Esto se logra proporcionando una frase o contexto inicial y permitiendo que el modelo complete el texto subsiguiente. El modelo utiliza la información de contexto y la probabilidad de las palabras para generar secuencias de palabras que son gramaticalmente correctas y contextualmente apropiadas.

8. **Finetuning:** Los modelos de lenguaje a menudo se afinan (fine-tune) en tareas específicas, como la traducción automática o la generación de resúmenes. Esto se hace ajustando el modelo preentrenado con datos adicionales y tareas de ajuste fino específicas.

9. **Aplicaciones:** Estos modelos se utilizan en una amplia variedad de aplicaciones, como asistentes virtuales, traducción automática, resumen de texto, generación de contenido y mucho más. También pueden servir como herramientas de apoyo en la creación de contenido y la investigación.

10. **Evolución Constante:** Los modelos de lenguaje, como el que estoy usando, están en constante evolución. Se entrenan en grandes conjuntos de datos y se mejoran con el tiempo mediante técnicas de ajuste fino y retroalimentación continua.

En resumen, los modelos de lenguaje de IA utilizan arquitecturas de redes neuronales profundas y técnicas de procesamiento de lenguaje natural para comprender y generar texto. Estos modelos pueden realizar tareas de procesamiento de lenguaje natural de manera efectiva y son esenciales en muchas aplicaciones de la vida real. Su capacidad para contextualizar y generar texto coherente es una de las características más destacadas de estos modelos.

4° Discusión sobre el aprendizaje automático y el procesamiento de lenguaje natural.

El aprendizaje automático y el procesamiento de lenguaje natural (NLP) son dos campos interrelacionados de la inteligencia artificial (IA) que desempeñan un papel fundamental en la comprensión y generación de texto y lenguaje humano. Aquí hay una discusión sobre estos dos conceptos y cómo se complementan:

Aprendizaje Automático (Machine Learning): El aprendizaje automático es un subcampo de la IA que se centra en desarrollar algoritmos y modelos que permiten a las máquinas aprender patrones y realizar tareas específicas sin ser programadas explícitamente. Algunos aspectos clave del aprendizaje automático incluyen:

1. **Aprendizaje Supervisado:** En el aprendizaje supervisado, los modelos se entrenan utilizando datos etiquetados, lo que significa que se les proporciona información de entrada junto con las respuestas correctas. El modelo aprende a hacer predicciones basadas en ejemplos etiquetados.

2. **Aprendizaje No Supervisado:** En el aprendizaje no supervisado, los modelos trabajan con datos sin etiquetas y tratan de encontrar patrones y estructuras en los datos por sí mismos. Esto es útil para la

segmentación de datos y la detección de anomalías

.

3. **Aprendizaje por Refuerzo:** El aprendizaje por refuerzo implica que un agente tome decisiones en un entorno y reciba recompensas o castigos en función de sus acciones. El objetivo del agente es aprender a tomar decisiones que maximicen las recompensas a lo largo del tiempo.

Procesamiento de Lenguaje Natural (NLP): El procesamiento de lenguaje natural (NLP) es una rama de la IA que se enfoca en la interacción entre las computadoras y el lenguaje humano. Algunos aspectos clave del NLP incluyen:

1. **Comprensión del Lenguaje:** El NLP se ocupa de comprender el lenguaje humano en forma de texto o voz. Esto implica la identificación de palabras, frases, estructuras gramaticales y significado en el contexto.

2. **Generación de Lenguaje:** Además de la comprensión, el NLP también se utiliza para generar texto coherente y relevante. Esto es fundamental en aplicaciones como chatbots, resumen automático de texto y generación de contenido.

3. **Traducción Automática:** El NLP se utiliza en la traducción automática para convertir

texto de un idioma a otro de manera eficiente y precisa.

Intersección entre Aprendizaje Automático y NLP: El procesamiento de lenguaje natural a menudo se beneficia del aprendizaje automático, ya que muchos de los modelos de NLP se construyen utilizando algoritmos de aprendizaje automático. Algunas áreas donde se cruzan estos campos incluyen:

1. **Modelos de Lenguaje:** Los modelos de lenguaje, como los modelos transformer, son ejemplos de cómo se aplican técnicas de aprendizaje automático al NLP. Estos modelos son esenciales para tareas de generación de texto y comprensión del lenguaje.

2. **Clasificación de Texto:** El aprendizaje automático se utiliza para clasificar texto en categorías específicas en tareas como análisis de sentimientos, detección de spam y categorización de noticias.

3. **Extracción de Información:** El aprendizaje automático se emplea en la extracción de información para identificar y estructurar información específica de documentos de texto, como nombres de personas, fechas y ubicaciones.

4. **Chatbots y Asistentes Virtuales:** Los chatbots y asistentes virtuales utilizan modelos de lenguaje entrenados mediante

aprendizaje automático para interactuar con los usuarios en lenguaje natural y proporcionar respuestas contextuales.

En resumen, el aprendizaje automático y el procesamiento de lenguaje natural son dos áreas cruciales de la IA que trabajan juntas para habilitar aplicaciones y sistemas que pueden comprender, generar y comunicarse en lenguaje humano de manera efectiva. Estos campos están en constante evolución y continúan impulsando avances significativos en la tecnología y las aplicaciones en diversas industrias.

CAPÍTULO III

1º Limitaciones de la IA

A pesar de los avances significativos en la Inteligencia Artificial (IA), esta tecnología todavía enfrenta varias limitaciones importantes. Algunas de las limitaciones más destacadas de la IA incluyen:

1. **Falta de Comprensión Profunda:** A pesar de su capacidad para procesar grandes cantidades de datos y generar respuestas precisas en tareas específicas, la IA actual carece de una comprensión profunda y verdadera del mundo. Los modelos de IA a menudo funcionan en función de patrones estadísticos en lugar de una comprensión real de los conceptos.

2. **Falta de Razonamiento Contextual:** Aunque los modelos de lenguaje de IA pueden generar texto coherente, a menudo carecen de un razonamiento contextual sólido. No pueden comprender el texto de la misma manera que lo haría un ser humano, lo que limita su capacidad para realizar inferencias y comprender las sutilezas del lenguaje.

3. **Sesgo y Discriminación:** Los modelos de IA pueden aprender sesgos presentes en los

datos de entrenamiento, lo que puede llevar a decisiones y respuestas sesgadas o discriminatorias. Esto plantea preocupaciones éticas y sociales sobre la equidad y la imparcialidad en las aplicaciones de IA.

4. **Necesidad de Grandes Cantidades de Datos:** Muchos modelos de IA requieren conjuntos de datos masivos para entrenarse de manera efectiva. Esto puede ser costoso y limitante en aplicaciones donde los datos son escasos o costosos de obtener.

5. **Falta de Creatividad y Comprensión Emocional:** Aunque la IA puede generar contenido creativo, como música o arte, carece de verdadera creatividad y de una comprensión emocional profunda. No puede experimentar emociones ni comprender el significado emocional del lenguaje o la música.

6. **Escasa Generalización:** Los modelos de IA a menudo están diseñados para tareas específicas y pueden tener dificultades para generalizar su conocimiento a situaciones nuevas o desconocidas. Esto limita su flexibilidad y capacidad de adaptación.

7. **Seguridad y Vulnerabilidades:** Los sistemas de IA pueden ser vulnerables a ataques y manipulaciones, lo que plantea preocupaciones sobre la seguridad cibernética y la integridad de los sistemas de IA en aplicaciones críticas.

8. **Costo y Recursos:** La creación y el mantenimiento de sistemas de IA de

vanguardia pueden ser costosos en términos de recursos computacionales y de infraestructura, lo que puede limitar su accesibilidad para organizaciones más pequeñas.

9. **Desafíos Éticos y de Privacidad:** La recopilación y el uso de datos en aplicaciones de IA plantean desafíos éticos y de privacidad. La recopilación de datos personales y su uso indebido pueden llevar a preocupaciones legítimas sobre la privacidad del usuario.

10. **Falta de Conciencia y Control:** Los sistemas de IA carecen de conciencia y control sobre sus acciones. No pueden tomar decisiones éticas o comprender el impacto de sus acciones en la sociedad.

11. **Dependencia de la Calidad de los Datos:** La calidad de los datos de entrenamiento es fundamental para el rendimiento de los modelos de IA. Datos incorrectos o sesgados pueden llevar a resultados inexactos o sesgados.

Es importante reconocer estas limitaciones y desafíos en el campo de la IA y abordarlos de manera responsable. A medida que la tecnología avanza, es esencial considerar tanto sus beneficios como sus limitaciones y trabajar en la mitigación de sus riesgos para garantizar un uso ético y efectivo de la IA en la sociedad.

2° Discusión sobre las limitaciones y vulnerabilidades de la IA.

Las limitaciones y vulnerabilidades de la Inteligencia Artificial (IA) son áreas críticas de preocupación en el desarrollo y la implementación de sistemas de IA. Aquí hay una discusión más detallada sobre estos aspectos:

Limitaciones de la IA:

1. **Falta de Comprensión Profunda:** Aunque la IA puede realizar tareas específicas de manera sobresaliente, carece de una comprensión profunda del mundo y no puede razonar como un ser humano. Su conocimiento se basa en patrones estadísticos y no en una comprensión conceptual.

2. **Dependencia de los Datos:** La IA se entrena en datos, y su rendimiento está fuertemente influenciado por la calidad y la cantidad de los datos de entrenamiento. Los datos sesgados pueden llevar a modelos sesgados.

3. **Sesgo y Discriminación:** Los modelos de IA pueden aprender sesgos presentes en los datos de entrenamiento, lo que puede resultar en decisiones y respuestas sesgadas o discriminatorias. Esto plantea preocupaciones éticas y de equidad.

4. **Necesidad de Grandes Cantidades de Datos:** Muchos modelos de IA requieren grandes cantidades de datos para entrenarse adecuadamente, lo que puede ser costoso y limitante en aplicaciones donde los datos son escasos.

5. **Falta de Creatividad y Empatía:** La IA carece de creatividad real y de empatía. No puede comprender las emociones humanas ni generar contenido creativo de la misma manera que un ser humano.

Vulnerabilidades de la IA:

1. **Ataques de Adversarios:** Los sistemas de IA pueden ser vulnerables a ataques de adversarios, donde se manipulan los datos de entrada para engañar al modelo y obtener resultados erróneos. Esto puede tener implicaciones graves en la seguridad.

2. **Privacidad y Protección de Datos:** La recopilación y el uso de datos personales en aplicaciones de IA pueden plantear preocupaciones de privacidad y cuestiones legales si no se gestionan adecuadamente.

3. **Seguridad Cibernética:** Los sistemas de IA pueden ser objetivos de ataques cibernéticos que buscan manipular o desactivar el funcionamiento de los modelos. Esto es especialmente preocupante en aplicaciones críticas, como vehículos autónomos y sistemas de salud.

4. **Rendimiento Deteriorado en Escenarios Inesperados:** Los modelos de IA pueden tener un rendimiento deficiente en escenarios no previstos durante el entrenamiento. Si encuentran situaciones inusuales, pueden tomar decisiones incorrectas.

5. **Desinformación y Generación de Contenido Falso:** La IA puede utilizarse para generar contenido falso, como noticias o imágenes, lo que plantea preocupaciones

sobre la desinformación y la manipulación de la información.

6. **Dependencia Tecnológica:** La creciente dependencia de la IA en varios sectores puede hacer que la sociedad sea vulnerable a fallos técnicos o interrupciones en el funcionamiento de estos sistemas.

7. **Ética y Toma de Decisiones Autónomas:** Los sistemas de IA que toman decisiones autónomas plantean desafíos éticos y legales en términos de responsabilidad y rendición de cuentas. ¿Quién es responsable si un vehículo autónomo causa un accidente?

Es fundamental abordar estas limitaciones y vulnerabilidades de manera responsable y ética a medida que la IA se vuelve más omnipresente en la sociedad. Esto incluye la implementación de prácticas de recopilación y uso de datos responsables, el desarrollo de algoritmos que minimicen el sesgo, la mejora de la ciberseguridad y la promulgación de regulaciones y estándares adecuados para la IA. La conciencia y la acción ética son esenciales para garantizar que la IA beneficie a la sociedad de manera positiva.

3º Casos en los que la IA puede cometer errores o proporcionar respuestas inexactas.

La Inteligencia Artificial (IA) puede cometer errores o proporcionar respuestas inexactas en una variedad de situaciones debido a sus limitaciones inherentes. Algunos casos en los que la IA puede fallar incluyen:

1. Sesgo y Discriminación: Los modelos de IA pueden aprender sesgos presentes en los datos de entrenamiento, lo que puede llevar a respuestas sesgadas o discriminatorias. Por ejemplo, un modelo de selección de currículum vitae podría favorecer a candidatos de género masculino debido a datos históricos sesgados.

2. Entendimiento del Contexto Limitado: Los modelos de IA a menudo tienen dificultades para comprender el contexto de una conversación o situación. Pueden proporcionar respuestas incorrectas o irrelevantes si no comprenden completamente la pregunta o el contexto.

3. Errores de Reconocimiento de Voz: Los sistemas de reconocimiento de voz basados en IA pueden cometer errores al transcribir el habla, especialmente en situaciones ruidosas o con acentos diversos.

4. Generación de Texto Incorrecto: Los modelos de lenguaje de IA pueden generar texto incorrecto o incoherente, especialmente cuando se enfrentan a preguntas ambiguas o solicitudes poco claras.

5. Traducción Automática Inexacta: Los sistemas de traducción automática pueden producir traducciones inexactas o poco naturales, especialmente en idiomas con estructuras gramaticales y vocabularios muy diferentes.

6. Predicciones Erróneas en Aprendizaje Automático: Los modelos de aprendizaje automático pueden hacer predicciones incorrectas en función de los datos de entrenamiento. Por ejemplo, un modelo de pronóstico del tiempo podría prever condiciones meteorológicas incorrectas si los datos históricos eran inexactos.

7. Falta de Actualización: Los modelos de IA pueden volverse obsoletos con el tiempo si no se actualizan con datos y conocimientos más recientes.

8. Ambigüedad en las Preguntas: La IA puede tener dificultades para manejar preguntas ambiguas o con múltiples interpretaciones, lo que puede llevar a respuestas incorrectas.

9. Malentendidos de Ironía y Sarcasmo: La IA a menudo tiene dificultades para detectar la ironía y el sarcasmo en el lenguaje humano, lo que puede llevar a respuestas erróneas.

10. Errores en Tareas de Visión por Computadora: Los sistemas de visión por computadora basados en IA pueden cometer errores al identificar objetos en imágenes o videos, especialmente en situaciones de iluminación o calidad de imagen deficientes.

11. Dificultades en Tareas de Comprensión de Texto: La IA puede tener dificultades para responder preguntas de comprensión de texto si la información requerida no está presente en los datos de entrenamiento.

12.	Ruido y Datos Incorrectos: Los modelos de IA pueden verse afectados por datos ruidosos o incorrectos en el proceso de entrenamiento, lo que puede llevar a respuestas erróneas.

Es importante reconocer que la IA, aunque puede ser poderosa, no es infalible y depende en gran medida de la calidad de los datos y la programación subyacente. La supervisión humana y la retroalimentación continua son esenciales para mitigar estos errores y mejorar la precisión de los sistemas de IA en una amplia variedad de aplicaciones.

4º Ética y consideraciones sobre el uso responsable de la IA.

La ética y las consideraciones sobre el uso responsable de la Inteligencia Artificial (IA) son fundamentales en un mundo cada vez más impulsado por la tecnología. Aquí hay algunas cuestiones clave y principios éticos que deben guiar el desarrollo y la implementación de la IA de manera responsable:

1. **Transparencia y Explicabilidad:** Los sistemas de IA deben ser transparentes en su funcionamiento y capaces de proporcionar explicaciones comprensibles de sus decisiones. Esto es especialmente importante en aplicaciones críticas, como la atención médica y la toma de decisiones legales.

2. **Imparcialidad y Equidad:** La IA no debe discriminar ni sesgar en función de características personales como género, raza, religión o edad. Los desarrolladores deben realizar evaluaciones de sesgo y tomar medidas para mitigarlo.

3. **Privacidad de Datos:** La recopilación y el uso de datos personales deben realizarse de manera ética y legal. Los sistemas de IA deben proteger la privacidad de los usuarios y cumplir con regulaciones como el Reglamento General de Protección de Datos (GDPR).

4. **Seguridad y Robustez:** Los sistemas de IA deben ser seguros y resistentes a ataques y manipulaciones. Se deben implementar

medidas de seguridad adecuadas para proteger los sistemas y los datos.

5. **Responsabilidad y Rendición de Cuentas:** Se debe asignar la responsabilidad por las decisiones tomadas por los sistemas de IA. Los desarrolladores y operadores de sistemas de IA deben ser responsables de cualquier resultado negativo o error.

6. **Beneficio Social:** La IA debe utilizarse para beneficiar a la sociedad en general y no para dañar a las personas o comunidades. Se debe considerar el impacto a largo plazo de la IA en la sociedad.

7. **Consentimiento Informado:** Los usuarios deben dar su consentimiento informado antes de que se recopilen y utilicen sus datos para entrenar modelos de IA. Deben comprender cómo se utilizarán sus datos y tener la opción de retirar su consentimiento.

8. **Diseño Centrado en el Usuario:** Los sistemas de IA deben diseñarse pensando en el usuario y en sus necesidades. Deben ser accesibles y útiles para una amplia variedad de personas.

9. **Desarrollo Ético:** Los desarrolladores de IA deben seguir prácticas éticas en todas las etapas del desarrollo, desde la recopilación de datos hasta la implementación y el mantenimiento de los sistemas.

10. **Educación y Concientización:** Es importante educar a la sociedad sobre la IA y sus implicaciones éticas. La conciencia pública sobre las cuestiones éticas

relacionadas con la IA puede promover un uso más responsable de esta tecnología.

11. **Ética en la Investigación:** La investigación en IA debe realizarse de manera ética y respetar los principios éticos fundamentales. Esto incluye el uso ético de datos y la revisión ética de proyectos de investigación.

12. **Colaboración Internacional:** Dado que la IA es un fenómeno global, la cooperación internacional en la formulación de estándares y regulaciones éticas es esencial para abordar cuestiones éticas y legales de manera efectiva.

Estos principios éticos y consideraciones sobre el uso responsable de la IA son esenciales para garantizar que esta tecnología beneficie a la sociedad de manera positiva y no cause daño. El diálogo continuo entre desarrolladores, reguladores, académicos y la sociedad en general es fundamental para abordar de manera efectiva las cuestiones éticas en el campo de la IA.

CAPÍTULO IV

1º Conversaciones con la IA: Navegando por una Conversación Textual

Navegar por una conversación textual con la IA puede ser un proceso fluido y enriquecedor si sigues algunos principios y prácticas efectivas. Aquí hay algunas pautas para tener conversaciones productivas con la IA:

1. **Formulación Clara de Preguntas:** Formula tus preguntas de manera clara y concisa. Cuanto más específica sea tu pregunta, más precisa será la respuesta que recibas.

2. **Contextualización:** Proporciona contexto relevante para que la IA comprenda mejor tus preguntas. Puedes comenzar una conversación contextualizando el tema o mencionando lo que se discutió anteriormente.

3. **Solicita Clarificaciones:** Si la respuesta de la IA no es completamente clara o no satisface tus necesidades, no dudes en pedir aclaraciones o información adicional.

4. **Paciencia:** La IA puede necesitar un momento para generar respuestas, especialmente si la pregunta es compleja. Sé paciente mientras espera la respuesta.

5. **Retroalimentación Constructiva:** Si la IA proporciona una respuesta incorrecta o inadecuada, puedes ofrecer retroalimentación constructiva para ayudar a mejorar la calidad de la respuesta.

6. **Exploración de Temas:** Puedes utilizar la conversación para explorar diferentes temas relacionados. La IA puede proporcionar información y detalles en una variedad de temas.

7. **Compartir Opiniones y Perspectivas:** La IA puede proporcionar información objetiva, pero también puedes compartir tus opiniones y perspectivas en la conversación.

8. **Respeto y Ética:** Mantén un tono respetuoso y ético en la conversación. La IA está diseñada para promover un ambiente de diálogo positivo y constructivo.

9. **Seguridad de Datos:** Ten en cuenta la seguridad de tus datos personales y no compartas información confidencial en una conversación con la IA.

10. **Aprendizaje Continuo:** Recuerda que la IA está diseñada para aprender y mejorar con el tiempo. Cuantas más interacciones tenga, mejorará su capacidad para brindarte respuestas precisas y útiles.

11. **Explora Diferentes Modelos de Lenguaje:** La IA puede utilizar diferentes modelos de lenguaje según la plataforma o el sistema en el que la estés utilizando. Puedes probar diferentes modelos para ver cuál se adapta mejor a tus necesidades.

12. **Cierre de Conversación:** Cuando hayas obtenido la información que necesitas o hayas completado tu conversación, puedes cerrar la conversación de manera cordial.

Recuerda que la IA está diseñada para ayudarte en una variedad de tareas, pero no es infalible y puede tener limitaciones en términos de conocimiento y comprensión. Utiliza la IA como una herramienta complementaria y valiosa en tus conversaciones y actividades, y disfruta de la posibilidad de obtener información y respuestas de manera eficiente.

2º Descripción de cómo las personas pueden interactuar con una IA como yo.

Las personas pueden interactuar con una IA, como yo, a través de conversaciones textuales en plataformas y aplicaciones que admiten este tipo de interacción. Aquí hay una descripción de cómo las personas pueden interactuar con una IA como yo:

1. **Acceso a Plataformas o Aplicaciones:** Las personas pueden acceder a una plataforma o aplicación que ofrezca la capacidad de interactuar con una IA. Estas plataformas pueden incluir sitios web, aplicaciones móviles, chatbots en redes sociales o servicios de mensajería, entre otros.

2. **Inicio de Conversación:** Una vez que están en la plataforma, los usuarios pueden iniciar una conversación escribiendo un mensaje o una pregunta en un cuadro de texto designado. Por ejemplo, pueden saludar a la IA con un simple "Hola" para iniciar la conversación.

3. **Formulación de Preguntas o Solicitudes:** Los usuarios pueden formular preguntas o hacer solicitudes de la misma manera que lo harían en una conversación con un ser humano. Pueden escribir preguntas completas o frases clave para obtener información o realizar tareas específicas.

4. **Espera de Respuesta:** Después de enviar una pregunta o solicitud, los usuarios deben esperar a que la IA genere una respuesta. El tiempo de espera puede variar según la

complejidad de la pregunta y la carga del sistema.

5. **Recepción de Respuesta:** Una vez que la IA ha procesado la pregunta, generará una respuesta textual que se mostrará en la plataforma. La respuesta puede incluir información, explicaciones, datos, recomendaciones o cualquier otro tipo de contenido relevante.

6. **Interacción Continua:** Los usuarios pueden continuar la conversación haciendo preguntas de seguimiento, solicitando información adicional o explorando diferentes temas relacionados. La IA está diseñada para mantener conversaciones fluidas y contextualmente relevantes.

7. **Solicitudes de Acciones:** Además de proporcionar información, los usuarios también pueden hacer solicitudes de acciones específicas. Por ejemplo, pueden pedir a la IA que realice cálculos, traduzca texto, genere contenido, configure recordatorios y más, según las capacidades de la IA y la plataforma.

8. **Retroalimentación y Corrección:** Si la respuesta de la IA no es precisa o no satisface las necesidades del usuario, estos pueden proporcionar retroalimentación o correcciones para ayudar a mejorar la calidad de las respuestas.

9. **Cierre de Conversación:** Cuando los usuarios hayan obtenido la información que necesitan o hayan completado su interacción,

pueden cerrar la conversación de manera cordial.

10. **Aprendizaje Continuo:** La IA está diseñada para aprender y mejorar con el tiempo a medida que interactúa con más usuarios. Esto significa que sus respuestas pueden volverse más precisas y útiles con el tiempo.

11. **Consideraciones Éticas:** Es importante que los usuarios mantengan un tono respetuoso y ético en sus interacciones con la IA. También deben ser conscientes de la privacidad y la seguridad de sus datos personales.

12. **Exploración de Capacidades:** Los usuarios pueden explorar las diversas capacidades de la IA, como la generación de contenido, la traducción, el análisis de datos, la búsqueda de información y más, según la plataforma y el modelo de IA utilizado.

En resumen, interactuar con una IA como yo implica una conversación textual en la que los usuarios pueden hacer preguntas, solicitar información, realizar acciones y explorar una amplia gama de temas. La IA está diseñada para brindar respuestas precisas y útiles, y las interacciones pueden ser una forma eficiente y efectiva de obtener información y realizar tareas en línea.

3º Ejemplos de preguntas y respuestas.

Algunos ejemplos de preguntas y respuestas que podrían ocurrir en una conversación con una IA como yo:

Pregunta 1: ¿Cuál es la capital de Francia?
Respuesta 1: La capital de Francia es París.

Pregunta 2: ¿Puedes decirme el significado de la palabra "efervescente"?
Respuesta 2: Claro, "efervescente" se refiere a algo que produce burbujas o una reacción química que genera burbujas de gas. También se usa figurativamente para describir a alguien lleno de entusiasmo o energía.

Pregunta 3: ¿Cuáles son los beneficios de hacer ejercicio regularmente?
Respuesta 3: El ejercicio regular tiene varios beneficios, como mejorar la salud cardiovascular, fortalecer los músculos y huesos, reducir el estrés, mantener un peso saludable y mejorar la salud mental.

Pregunta 4: ¿Cuál es el autor de la novela "Cien años de soledad"?
Respuesta 4: "Cien años de soledad" fue escrito por Gabriel García Márquez.

Pregunta 5: ¿Cómo se hace una receta de pizza casera?
Respuesta 5: Para hacer una pizza casera, necesitas masa de pizza, salsa de tomate, queso, y los ingredientes que desees, como pepperoni, champiñones o pimientos. Extiende la masa, agrega la salsa y los ingredientes, y luego hornea hasta que la masa esté dorada y el queso esté derretido.

Pregunta 6: ¿Cuál es la fórmula química del agua?

Respuesta 6: La fórmula química del agua es H_2O, lo que significa que está compuesta por dos átomos de hidrógeno y uno de oxígeno.

Pregunta 7: ¿Cuándo se celebró la independencia de Estados Unidos?

Respuesta 7: La independencia de Estados Unidos se celebró el 4 de julio de 1776, cuando se adoptó la Declaración de Independencia.

Pregunta 8: ¿Cuál es el monumento más alto del mundo?

Respuesta 8: El monumento más alto del mundo es el Burj Khalifa, que se encuentra en Dubái, Emiratos Árabes Unidos.

Estos son solo ejemplos simples, pero las conversaciones con una IA pueden abordar una amplia variedad de temas y preguntas, desde información factual hasta tareas más complejas, como la traducción de idiomas o la generación de contenido.

4º Sugerencias para aprovechar al máximo la interacción con la IA.

Para aprovechar al máximo la interacción con una IA, aquí tienes algunas sugerencias:

1. **Formula Preguntas Claras y Concisas:** Para obtener respuestas precisas, formula tus preguntas de manera clara y concisa. Cuanto más específica sea tu pregunta, más útil será la respuesta.

2. **Proporciona Contexto:** Cuando sea relevante, proporciona contexto adicional para que la IA comprenda mejor tus necesidades. Puedes mencionar detalles sobre el tema de conversación o referirte a la información previamente compartida.

3. **Explora Diversos Temas:** Las IA pueden proporcionar información sobre una amplia gama de temas. Aprovecha esta versatilidad para explorar diferentes áreas de conocimiento o resolver diversas preguntas.

4. **Realiza Solicitudes Accionables:** Además de hacer preguntas, puedes utilizar la IA para realizar acciones específicas. Por ejemplo, puedes pedirle que realice cálculos matemáticos, traduzca texto o genere contenido.

5. **Verifica la Fuente de la Información:** Si estás utilizando la IA para obtener información crítica o precisa, verifica la fuente de la información y considera consultar múltiples fuentes para confirmar la precisión.

6. **Ofrece Retroalimentación Constructiva:** Si la IA proporciona respuestas incorrectas o inadecuadas, puedes ofrecer retroalimentación constructiva para ayudar a mejorar la calidad de las respuestas.

7. **Mantén un Tono Respetuoso:** Aunque estás interactuando con una IA, es importante mantener un tono respetuoso y ético en la conversación.

8. **Explora Diferentes Modelos de Lenguaje:** Algunas plataformas ofrecen múltiples modelos de lenguaje. Experimenta con diferentes modelos para encontrar el que mejor se adapte a tus necesidades.

9. **Aprende de la Experiencia:** La IA puede aprender de las interacciones. Cuantas más veces interactúes con ella, mejorará su capacidad para proporcionar respuestas precisas y útiles.

10. **Considera la Privacidad:** Ten en cuenta la privacidad y la seguridad de tus datos personales. No compartas información confidencial en una conversación con la IA.

11. **Comparte Tus Opiniones y Perspectivas:** Además de buscar información, también puedes compartir tus opiniones y perspectivas en la conversación, lo que puede llevar a debates interesantes.

12. **Diviértete Experimentando:** No tengas miedo de experimentar con la IA. Puedes usarla para jugar a juegos de palabras, generar poesía, contar chistes y más.

13. **Consciente del Aprendizaje Automático:** Ten en cuenta que la IA se basa en el

aprendizaje automático y no tiene conocimiento real o conciencia. Su capacidad para proporcionar información se basa en patrones en los datos.

14. **Explora Nuevas Tecnologías:** Además de las IA de chat de texto, también puedes explorar otras formas de IA, como asistentes de voz y aplicaciones de reconocimiento de imágenes.

En última instancia, la interacción con una IA puede ser una experiencia valiosa para obtener información, realizar tareas y explorar temas diversos. A medida que la IA continúa mejorando, sus capacidades y utilidad seguirán creciendo, y aprender a aprovechar estas herramientas puede ser beneficioso en diversos aspectos de la vida cotidiana y profesional.

CAPÍTULO V

1° Usos y Aplicaciones de la IA

La Inteligencia Artificial (IA) tiene una amplia variedad de usos y aplicaciones en una serie de industrias y campos. Aquí te presento algunos ejemplos destacados:

1. Atención Médica:
- Diagnóstico médico asistido por IA para identificar enfermedades y afecciones.
- Pronóstico de enfermedades y resultados de pacientes.
- Monitoreo de pacientes en tiempo real.

2. Finanzas:
- Análisis de riesgo crediticio y detección de fraudes.
- Predicciones financieras y de mercado.
- Automatización de servicios de atención al cliente en banca.

3. Automoción:
- Vehículos autónomos que utilizan sensores y algoritmos de IA para la conducción.
- Sistemas de asistencia al conductor que mejoran la seguridad.
- Optimización de la gestión de flotas y logística.

4. Comercio Electrónico:
- Recomendaciones de productos personalizadas para usuarios.
- Chatbots de servicio al cliente.
- Análisis de datos para prever la demanda y gestionar el inventario.

5. Educación:
- Plataformas de aprendizaje en línea que adaptan el contenido según el progreso del estudiante.
- Tutoriales y asistencia virtual para estudiantes.
- Evaluación automatizada de tareas y pruebas.

6. Manufactura:
- Automatización de procesos de producción y control de calidad.
- Mantenimiento predictivo de maquinaria.
- Optimización de la cadena de suministro.

7. Tecnología:
- Reconocimiento de voz y procesamiento de lenguaje natural en dispositivos y asistentes virtuales.
- Filtros y etiquetas de contenido en plataformas de medios sociales.
- Traducción automática y servicios de chat multilingüe.

8. Ciencia y Investigación:
- Descubrimiento de nuevos medicamentos y compuestos químicos.
- Modelado y simulación de fenómenos científicos y climáticos.
- Análisis de grandes conjuntos de datos para la investigación.

9. Recursos Humanos:

- Reclutamiento automatizado y cribado de currículum.
- Evaluación de empleados y gestión del rendimiento.
- Sistemas de recursos humanos que ofrecen respuestas a preguntas frecuentes.

10. Servicios Públicos:
- Gestión de tráfico y transporte público.
- Análisis de datos para mejorar la eficiencia energética.
- Predicción de desastres naturales y respuesta de emergencia.

11. Entretenimiento:
- Generación de contenido multimedia, como música y arte.
- Videojuegos con personajes y comportamientos de IA.
- Recomendaciones personalizadas de contenido en plataformas de streaming.

12. Agricultura:
- Agricultura de precisión para optimizar el cultivo y el riego.
- Drones y sensores de IA para el monitoreo de cultivos.
- Predicción de cosechas y análisis de suelos.

Estos son solo algunos ejemplos de cómo se utiliza la IA en diversos campos. La IA sigue evolucionando y encontrando nuevas aplicaciones a medida que se desarrollan tecnologías más avanzadas y se comprenden mejor sus capacidades. Su potencial para automatizar tareas, tomar decisiones basadas en datos y mejorar la eficiencia en prácticamente cualquier industria la convierte en una herramienta poderosa en el mundo moderno.

2º Exploración de cómo se utiliza la IA en diversos campos, como la medicina, la tecnología, el comercio, etc.

La Inteligencia Artificial (IA) se utiliza en diversas industrias para mejorar la eficiencia, la precisión y la toma de decisiones. Aquí tienes ejemplos de cómo la IA se aplica en diferentes sectores:

Medicina y Salud:

1. Diagnóstico Médico: Sistemas de IA analizan imágenes médicas como radiografías y resonancias magnéticas para detectar enfermedades como el cáncer y enfermedades cardíacas.

2. Predicción de Enfermedades: La IA utiliza datos médicos para predecir el riesgo de enfermedades como la diabetes o la sepsis.

3. Desarrollo de Medicamentos: La IA acelera el proceso de descubrimiento de medicamentos al identificar compuestos potenciales y predecir su eficacia.

4. Robótica Quirúrgica: Robots quirúrgicos asistidos por IA permiten cirugías más precisas y menos invasivas.

5. Registro Electrónico de Salud: Sistemas de IA gestionan registros médicos electrónicos, ayudando a médicos y pacientes a acceder a información relevante.

Tecnología:
1. Procesamiento de Lenguaje Natural: Chatbots y asistentes virtuales como Siri y Alexa utilizan IA para comprender y responder preguntas en lenguaje natural.
2. Visión por Computadora: La IA permite el reconocimiento de objetos y personas en imágenes y videos, utilizado en cámaras de seguridad y aplicaciones de realidad aumentada.
3. Automatización de Pruebas de Software: La IA automatiza pruebas de calidad de software, identificando defectos de manera eficiente.
4. Optimización de Procesos: Empresas utilizan IA para mejorar la eficiencia de la cadena de suministro y la gestión de inventario.

Comercio:
1. Recomendaciones de Productos: Plataformas de comercio electrónico como Amazon utilizan IA para recomendar productos basados en el historial de compras del usuario.
2. Precio Dinámico: Los algoritmos de IA ajustan automáticamente los precios de los productos en función de la demanda y la competencia.
3. Atención al Cliente: Chatbots brindan asistencia inmediata y resuelven consultas de clientes en sitios web y aplicaciones.

Educación:
1. Plataformas de Aprendizaje en Línea: Sistemas de IA personalizan el contenido de aprendizaje y las evaluaciones para estudiantes.

2. Tutoría Virtual: Chatbots y asistentes virtuales proporcionan respuestas a preguntas de los estudiantes en tiempo real.

3. Evaluación Automática: La IA califica automáticamente exámenes y asignaciones, ahorrando tiempo a los educadores.

Finanzas:

1. Detección de Fraudes: Sistemas de IA analizan transacciones financieras en busca de actividad fraudulenta.

2. Asesoramiento Financiero: Plataformas de asesoramiento financiero utilizan IA para recomendar inversiones y estrategias personalizadas.

3. Predicción del Mercado: La IA analiza datos financieros para predecir tendencias del mercado y tomar decisiones de inversión.

Estos ejemplos destacan cómo la IA se ha convertido en una herramienta fundamental en una amplia variedad de industrias, mejorando la eficiencia y permitiendo la toma de decisiones basadas en datos en tiempo real. Su aplicabilidad sigue expandiéndose a medida que la tecnología avanza.

3° Ejemplos de aplicaciones prácticas de la IA en la sociedad.

La Inteligencia Artificial (IA) se ha vuelto omnipresente en nuestra vida cotidiana, y la encontramos en numerosas aplicaciones. Aquí tienes ejemplos de aplicaciones cotidianas de la IA:

1. Asistentes Virtuales: Asistentes de voz como Siri (Apple), Alexa (Amazon) y Google Assistant utilizan IA para comprender y responder preguntas, realizar tareas como configurar recordatorios y controlar dispositivos domésticos inteligentes.

2. Motor de Búsqueda: Los motores de búsqueda como Google utilizan algoritmos de IA para proporcionar resultados de búsqueda relevantes y personalizados.

3. Recomendaciones en Línea: Plataformas como Netflix y Spotify utilizan IA para recomendar películas, series y música según tus preferencias y comportamientos anteriores.

4. Autocompletar de Búsqueda y Correo Electrónico: IA sugiere palabras o frases mientras escribes búsquedas en línea o correos electrónicos, lo que agiliza la escritura.

5. Filtros de Spam: Los filtros de correo no deseado utilizan IA para identificar y bloquear correos electrónicos no deseados.

6. Reconocimiento Facial: La IA se usa en aplicaciones de reconocimiento facial para

desbloquear teléfonos, etiquetar personas en fotos y mejorar la seguridad en lugares públicos.

7. Traducción de Idiomas: Aplicaciones como Google Translate utilizan IA para traducir texto y voz entre idiomas.

8. Asistencia Médica: La IA se aplica en el diagnóstico médico, el análisis de imágenes médicas y la predicción de enfermedades.

9. Conducción Autónoma: Los vehículos autónomos utilizan sensores y algoritmos de IA para navegar de manera segura por carreteras y entornos urbanos.

10. Servicio al Cliente: Chatbots y sistemas de respuesta automática en línea utilizan IA para brindar asistencia y responder preguntas en sitios web.

11. Detección de Fraudes: Los sistemas de detección de fraudes en transacciones financieras utilizan IA para identificar patrones de comportamiento sospechoso.

12. Robótica Doméstica: Robots aspiradores, cortacéspedes y asistentes personales utilizan IA para realizar tareas en el hogar.

13. Juegos: En juegos de video, la IA se utiliza para crear personajes no jugables (NPC) que actúan de manera inteligente y desafían a los jugadores.

14. Escritura y Generación de Contenido: La IA se emplea para crear contenido escrito, como noticias, informes y resúmenes automáticos.

15. Publicidad en Línea: Los anuncios en línea utilizan algoritmos de IA para dirigirse a audiencias específicas y optimizar la eficacia de las campañas publicitarias.

Estos ejemplos muestran cómo la IA se ha convertido en parte integral de nuestra vida cotidiana, mejorando la eficiencia, la comodidad y la personalización en una variedad de aplicaciones y servicios.

CAPÍTULO VI

1º Aplicaciones de la IA en la Sociedad

La Inteligencia Artificial (IA) tiene una amplia gama de aplicaciones en la sociedad que abarcan diversos campos y sectores. Aquí tienes ejemplos de aplicaciones de la IA en la sociedad:

1. Medicina y Salud:
- Diagnóstico médico asistido por IA.
- Predicción de enfermedades y análisis de riesgos.
- Descubrimiento de medicamentos y desarrollo de tratamientos.
- Gestión de registros médicos y análisis de imágenes médicas.

2. Educación:
- Plataformas de aprendizaje en línea con personalización.
- Tutoría virtual y sistemas de recomendación de cursos.
- Evaluación automática de exámenes y retroalimentación personalizada.

3. Automoción:
- Vehículos autónomos que utilizan sensores y algoritmos de IA para la conducción.

- Sistemas de asistencia al conductor, como el control de crucero adaptativo.

4. Comercio Electrónico:
- Recomendaciones de productos personalizadas.
- Chatbots para atención al cliente y soporte de ventas.
- Análisis de datos para la optimización de precios y estrategias de marketing.

5. Finanzas:
- Detección de fraudes en transacciones financieras.
- Análisis de datos para la toma de decisiones de inversión.
- Asesores financieros virtuales basados en IA.

6. Robótica:
- Robots industriales y de servicio en entornos de fabricación y atención al cliente.
- Robots quirúrgicos asistidos por IA en cirugía.

7. Servicio al Cliente:
- Chatbots y asistentes virtuales en sitios web y aplicaciones.
- Automatización de respuestas a preguntas frecuentes.

8. Seguridad:
- Análisis de video en tiempo real para la detección de comportamientos sospechosos.
- Sistemas de reconocimiento facial para el control de accesos.

9. Gestión de Recursos Naturales:
- Predicción y seguimiento de desastres naturales.

- Monitoreo de la calidad del aire y del agua.
10. Entretenimiento:
- Videojuegos con personajes y enemigos controlados por IA.
- Recomendaciones personalizadas de contenido de entretenimiento.
11. Asistencia en la Toma de Decisiones:
- Análisis de datos y generación de informes para empresas y gobiernos.
- Predicción de tendencias y análisis de mercado.
12. Ciudades Inteligentes:
- Gestión del tráfico y sistemas de transporte inteligentes.
- Optimización de la distribución de energía y recursos en ciudades.
13. Agricultura de Precisión:
- Detección de enfermedades en cultivos y optimización del uso de fertilizantes.
- Monitoreo de la salud de ganado y animales en granjas.
14. Exploración Espacial:
- Navegación y exploración de planetas y asteroides mediante robots y sondas.
15. Diseño y Creatividad:
- Herramientas de diseño asistido por IA para creativos y artistas.
- Generación automática de música y arte.

Estos ejemplos ilustran cómo la IA se ha convertido en una parte integral de la sociedad moderna, mejorando la eficiencia, la precisión y la capacidad de tomar decisiones en una variedad de campos. La IA sigue evolucionando y desempeñando

2° Impacto de la IA en la mejora de la eficiencia y la toma de decisiones.

La Inteligencia Artificial (IA) tiene un impacto significativo en la mejora de la eficiencia y la toma de decisiones en una variedad de industrias y campos. Aquí se explican los beneficios clave de la IA en estos aspectos:

1. Automatización de Tareas Repetitivas:

La IA puede realizar tareas repetitivas y monótonas de manera constante y sin fatiga. Esto reduce la carga de trabajo para los seres humanos y mejora la eficiencia en procesos comerciales, como la gestión de datos, la entrada de datos y la atención al cliente.

2. Análisis de Grandes Conjuntos de Datos:

La IA es capaz de analizar grandes volúmenes de datos en tiempo real, identificando patrones y tendencias que serían difíciles de detectar manualmente. Esto es particularmente útil en campos como la investigación médica, el marketing digital y las finanzas.

3. Personalización y Recomendaciones:

La IA utiliza datos sobre el comportamiento y las preferencias del usuario para personalizar experiencias. Por ejemplo, los motores de recomendación de IA sugieren productos, películas o contenido de aprendizaje que son relevantes para cada individuo, mejorando la satisfacción del cliente y las tasas de conversión.

4. Optimización de Procesos de Negocio:

En la gestión empresarial, la IA se utiliza para optimizar procesos, desde la cadena de suministro hasta la logística. Esto puede reducir costos, mejorar la eficiencia operativa y garantizar un flujo de trabajo más suave.

5. Toma de Decisiones Basada en Datos:

La IA proporciona información basada en datos que ayuda en la toma de decisiones informadas. Esto es fundamental en sectores como la atención médica, donde la IA puede ayudar a los médicos a diagnosticar enfermedades con mayor precisión.

6. Predicción y Planificación:

La IA es capaz de predecir eventos futuros en función de datos históricos y actuales. Esto es valioso en la gestión de riesgos, la planificación de inventarios y la predicción de la demanda.

7. Mejora de la Experiencia del Cliente:

La IA se utiliza en chatbots y sistemas de respuesta automática para brindar atención al cliente las 24 horas del día, los 7 días de la semana. Esto mejora la experiencia del cliente y reduce los tiempos de espera.

8. Eficiencia Energética y Ciudades Inteligentes:

En el ámbito de las ciudades inteligentes, la IA se utiliza para gestionar el tráfico, la energía y los servicios públicos de manera eficiente, lo que puede reducir costos y mejorar la calidad de vida de los residentes.

En resumen, la IA permite la automatización de tareas, el análisis de datos en tiempo real y la personalización de experiencias, lo que conduce a una mejora significativa en la eficiencia y la toma de decisiones en una amplia variedad de campos. Su capacidad para procesar grandes cantidades de datos y generar información relevante es esencial para la toma de decisiones informadas y la optimización de procesos en la sociedad actual.

CAPÍTULO VII

1° Cómo funciona la IA.
Detrás de la Magia.

La Inteligencia Artificial (IA) puede parecer mágica, pero en realidad se basa en algoritmos y procesos matemáticos que permiten a las maquinas aprender y tomar decisiones inteligentes. Aquí hay una explicación simplificada de cómo funciona la IA:

1. **Recopilación de Datos:** El proceso comienza con la recopilación de una gran cantidad de datos relevantes para la tarea en cuestión. Estos datos pueden ser imágenes, texto, números, o cualquier tipo de información que la máquina necesite procesar.

2. **Preprocesamiento de Datos:** Los datos recopilados a menudo requieren limpieza y preparación. Esto implica eliminar datos ruidosos o irrelevantes, normalizar los datos y convertirlos en un formato adecuado para su procesamiento.

3. **Selección de Modelo:** Se elige un modelo de IA apropiado para la tarea. Los modelos de IA pueden ser algoritmos de aprendizaje

automático, redes neuronales, algoritmos de procesamiento de lenguaje natural (NLP), entre otros, según el tipo de tarea que se vaya a realizar.

4. **Entrenamiento del Modelo:** Aquí es donde la "magia" de la IA comienza a tomar forma. El modelo se alimenta con los datos preparados y se ajusta para encontrar patrones y relaciones dentro de esos datos. El proceso de entrenamiento implica ajustar los parámetros del modelo para minimizar el error y hacer que el modelo sea lo más preciso posible en su tarea.

5. **Validación y Evaluación:** Después del entrenamiento, el modelo se valida y se evalúa utilizando datos adicionales que no se utilizaron en el entrenamiento. Esto asegura que el modelo no solo haya memorizado los datos de entrenamiento, sino que también pueda generalizar y realizar predicciones precisas en nuevos datos.

6. **Implementación y Uso:** Una vez que se ha entrenado y evaluado el modelo, se puede implementar en una aplicación o sistema para realizar la tarea deseada. Por ejemplo, un modelo de IA entrenado para el reconocimiento de voz puede ser utilizado en un asistente virtual.

7. **Aprendizaje Continuo:** La IA puede seguir mejorando a medida que se le alimenta con

más datos y se entrena de manera continua. Esto permite que la máquina se adapte a cambios en los datos y en las condiciones del entorno.

8. **Interacción con Humanos:** En muchos casos, la IA interactúa con humanos a través de interfaces de usuario amigables. Los resultados de las predicciones o decisiones de la IA pueden ser presentados a los usuarios para su revisión o acción.

En resumen, la IA se basa en la capacidad de las máquinas para aprender a partir de datos y tomar decisiones inteligentes utilizando algoritmos y modelos matemáticos. A medida que se alimenta con más datos y se ajusta, la IA puede mejorar su rendimiento y ser una herramienta valiosa en una amplia variedad de aplicaciones. La "magia" de la IA radica en su capacidad para encontrar patrones y relaciones en los datos que pueden ser difíciles de discernir mediante métodos tradicionales.

2º Visión general de cómo funcionan los sistemas de IA

Los sistemas de Inteligencia Artificial (IA) funcionan mediante la interacción de varios componentes y procesos que les permiten realizar tareas inteligentes. Aquí tienes una visión general de cómo funcionan estos sistemas:

1. **Recopilación de Datos:**

El proceso comienza con la recopilación de datos relevantes para la tarea que el sistema de IA debe realizar. Estos datos pueden ser de diversas fuentes, como sensores, bases de datos, texto, imágenes o señales.

2. **Preprocesamiento de Datos:**

Los datos recopilados suelen requerir preparación. Esto implica limpiar los datos, eliminar valores atípicos, normalizarlos y convertirlos en un formato adecuado para su procesamiento posterior.

3. **Selección de Algoritmo o Modelo:**

Se elige un algoritmo de IA o un modelo de aprendizaje automático apropiado para la tarea en cuestión. Esto puede incluir algoritmos de regresión, redes neuronales, árboles de decisión, algoritmos de procesamiento de lenguaje natural (NLP) u otros, según el problema.

4. **Entrenamiento del Modelo:**

El modelo se entrena utilizando los datos recopilados y preprocesados. Durante el entrenamiento, el modelo ajusta sus parámetros para aprender patrones y relaciones en los datos. El objetivo es minimizar el error y hacer que el modelo sea preciso en su tarea.

5. **Validación y Evaluación:**
El modelo se valida y evalúa utilizando datos adicionales que no se utilizaron en el entrenamiento. Esto asegura que el modelo pueda generalizar y realizar predicciones precisas en nuevos datos.

6. **Implementación y Uso:**
Una vez que el modelo ha sido entrenado y evaluado, se puede implementar en una aplicación o sistema para realizar la tarea deseada.
Por ejemplo, un modelo de IA entrenado para el reconocimiento de voz puede ser utilizado en un asistente virtual.

7. **Interacción con Usuarios o Entorno:**
En muchos casos, la IA interactúa con usuarios o el entorno a través de interfaces de usuario amigables.
Los resultados de las predicciones o decisiones de la IA pueden ser presentados a los usuarios para su revisión o acción.

8. **Aprendizaje Continuo (Opcional):**
En algunos sistemas de IA, se implementa el aprendizaje continuo. Esto implica que el modelo sigue mejorando a medida que se le alimenta con más datos y se entrena de manera continua, adaptándose a cambios en los datos o en las condiciones del entorno.

9. Retroalimentación y Mejora:

La retroalimentación de los usuarios o la supervisión humana puede ayudar a mejorar el rendimiento de la IA. Los sistemas de IA pueden aprender de la retroalimentación y ajustarse en consecuencia.

En resumen, los sistemas de IA funcionan al procesar datos, aprender de ellos mediante algoritmos y modelos, y luego aplicar ese conocimiento para realizar tareas específicas. El ciclo de entrenamiento, validación y evaluación es fundamental para asegurar que la IA sea precisa y efectiva en su tarea. La IA puede aplicarse en una amplia variedad de campos y sectores, mejorando la eficiencia, la toma de decisiones y la automatización de tareas.

3° Conceptos clave, como el aprendizaje automático y el procesamiento de lenguaje natural

Conceptos clave en el campo de la Inteligencia Artificial (IA) incluyen el aprendizaje automático (machine learning) y el procesamiento de lenguaje natural (NLP). Aquí te explico ambos conceptos:

Aprendizaje Automático (Machine Learning):
El aprendizaje automático es una subdisciplina de la IA que se centra en desarrollar algoritmos y modelos que permiten a las computadoras aprender y mejorar su rendimiento en una tarea específica a partir de datos, sin necesidad de programación explícita. Aquí están los aspectos clave:

1. **Datos de Entrenamiento:** El aprendizaje automático requiere datos de entrenamiento, que son ejemplos históricos o datos que se utilizan para enseñar al modelo. Estos datos incluyen características (atributos relevantes) y etiquetas (resultados esperados).

2. **Algoritmos de Aprendizaje:** Los algoritmos de aprendizaje automático son programas informáticos que ajustan automáticamente sus parámetros para aprender patrones en los datos de entrenamiento. Los algoritmos pueden ser supervisados (con etiquetas), no supervisados (sin etiquetas) o de refuerzo (aprendizaje basado en recompensas).

3. **Generalización:** Después del entrenamiento, el modelo debe ser capaz de generalizar y hacer predicciones precisas en datos nuevos y no vistos que no se utilizaron durante el entrenamiento.

4. **Aplicaciones:** El aprendizaje automático se aplica en una amplia variedad de aplicaciones, como clasificación de correo electrónico (spam o no spam), reconocimiento de voz, diagnóstico médico, vehículos autónomos, recomendaciones de productos y más.

Procesamiento de Lenguaje Natural (NLP): El procesamiento de lenguaje natural es una rama de la IA que se enfoca en la interacción entre las computadoras y el lenguaje humano. Su objetivo es permitir que las máquinas comprendan, interpreten y generen lenguaje humano de manera efectiva. Aquí están los aspectos clave:

1. **Comprensión del Lenguaje:** El NLP permite a las máquinas comprender el lenguaje humano en sus diversas formas, incluyendo texto y voz. Esto implica la identificación de palabras, frases, estructuras gramaticales y significado.

2. **Aplicaciones:** El NLP se utiliza en una amplia variedad de aplicaciones, como chatbots, asistentes virtuales (como Siri o Alexa), traducción automática de idiomas, análisis de sentimientos en redes sociales,

resumen automático de textos y búsqueda de información en bases de datos de texto.

3. **Procesamiento de Texto:** El NLP también se ocupa del procesamiento de texto, que incluye la tokenización (división de un texto en unidades más pequeñas, como palabras o frases), el etiquetado de partes del discurso y la extracción de entidades (identificación de nombres de personas, lugares, etc.).

4. **Modelos de Lenguaje:** Los modelos de lenguaje basados en IA, como los modelos de lenguaje GPT (Generative Pre-trained Transformer), han revolucionado el NLP al permitir la generación de texto coherente y contextualmente relevante.

En conjunto, el aprendizaje automático y el procesamiento de lenguaje natural son componentes esenciales de muchas aplicaciones de IA que involucran el procesamiento de datos de lenguaje humano, lo que hace posibles tareas como la traducción automática, el análisis de texto y la interacción entre humanos y máquinas a través del lenguaje natural.

Los sistemas de Inteligencia Artificial (IA) funcionan mediante la interacción de varios componentes y procesos que les permiten realizar tareas inteligentes. Aquí tienes una visión general de cómo funcionan estos sistemas.

4º Explicación de cómo los modelos de lenguaje AI, como el que estás usando, procesan el texto

Los modelos de lenguaje AI, como el que estoy utilizando, procesan el texto mediante una técnica conocida como "transformer", que ha revolucionado el campo del procesamiento de lenguaje natural (NLP). Aquí te explico cómo funcionan estos modelos:

1. **Tokenización:** El proceso comienza con la tokenización, que implica dividir el texto en unidades más pequeñas llamadas "tokens". Los tokens pueden ser palabras, subpalabras o incluso caracteres, dependiendo del modelo y del idioma. La tokenización es importante para que la máquina pueda entender y procesar el texto.

2. **Incrustación de Palabras (Word Embeddings):** Cada token se representa mediante un vector numérico que codifica su significado y contexto en un espacio dimensional. Estos vectores se denominan "incrustaciones de palabras" y se generan a partir del entrenamiento previo en grandes cantidades de texto. Las incrustaciones de palabras permiten que el modelo capture las relaciones semánticas entre las palabras.

3. **Capas de Atención:** La característica distintiva de los modelos de lenguaje

transformer es su capacidad para aprender relaciones a lo largo del contexto del texto utilizando capas de atención. Estas capas determinan qué tokens en el texto son relevantes para otros tokens en función de sus incrustaciones y conexiones previas. Esto permite al modelo comprender la estructura y las dependencias en el texto.

4. **Múltiples Capas de Transformer:** Los modelos de lenguaje AI tienen múltiples capas de transformer, lo que les permite capturar patrones y relaciones de diferentes niveles de abstracción en el texto. Las capas de transformer se apilan una encima de la otra, y cada capa refina la representación del texto.

5. **Atención de Autoconsulta (Self-Attention):** Dentro de cada capa de transformer, se realiza la atención de autoconsulta para determinar cómo los tokens se relacionan entre sí. Esto se logra calculando una puntuación de atención para cada par de tokens y aplicando una combinación ponderada de los vectores de incrustación de palabras de entrada.

6. **Conexiones Residuales y Normalización:** Las conexiones residuales y la normalización por capas se utilizan en cada capa de transformer para facilitar el entrenamiento y evitar problemas de desvanecimiento de gradientes. Estos mecanismos permiten que

los gradientes fluyan eficazmente durante el entrenamiento.

7. **Decodificación en modelos generativos:** En modelos generativos como GPT (Generative Pre-trained Transformer), el modelo puede generar texto autónomamente después de ser alimentado con un texto de inicio. La generación de texto implica predecir la palabra siguiente basándose en el contexto y las probabilidades condicionales.

8. **Afinamiento y Adaptación:** Después del entrenamiento en grandes corpus de texto, estos modelos se pueden afinar o adaptar para tareas específicas, como traducción automática, resumen de texto, chatbots, entre otros.

En resumen, los modelos de lenguaje AI, basados en la arquitectura transformer, procesan el texto mediante la tokenización, la representación en forma de incrustaciones de palabras, múltiples capas de atención de autoconsulta, y la generación de texto autónoma en el caso de modelos generativos. Esto les permite comprender el significado y la estructura del texto y realizar una amplia gama de tareas de procesamiento de lenguaje natural de manera eficiente y precisa.

CAPÍTULO VIII

1º El desafío Ético de la IA

El desafío ético de la Inteligencia Artificial (IA) es uno de los temas más relevantes y complejos en la actualidad. A medida que la IA se integra cada vez más en la sociedad y en diversas industrias, surgen cuestiones éticas fundamentales que deben ser abordadas. Aquí se describen algunos de los principales desafíos éticos de la IA:

1. **Equidad y Sesgos:** Los algoritmos de IA pueden heredar sesgos existentes en los datos de entrenamiento, lo que puede llevar a decisiones sesgadas y discriminatorias. Garantizar la equidad y mitigar los sesgos en la IA es esencial para evitar la discriminación y la desigualdad.

2. **Privacidad:** La recopilación y el uso de datos personales para entrenar modelos de IA plantean preocupaciones sobre la privacidad. Es importante garantizar que los datos sean utilizados de manera ética y que se respeten las regulaciones de privacidad.

3. **Transparencia y Explicabilidad:** Los modelos de IA, como las redes neuronales profundas, pueden ser difíciles de comprender y explicar. La falta de

transparencia puede ser un problema en aplicaciones críticas, como la atención médica y la toma de decisiones legales.

4. **Responsabilidad y Rendición de Cuentas:** Determinar quién es responsable cuando un sistema de IA toma decisiones erróneas o perjudiciales es un desafío. Establecer mecanismos de rendición de cuentas y responsabilidad es crucial.

5. **Empleo y Automatización:** La automatización impulsada por la IA puede tener un impacto en el empleo. Es importante considerar cómo se abordarán los desafíos relacionados con el reemplazo de trabajos y cómo se proporcionarán oportunidades de capacitación y reconversión.

6. **Seguridad y Riesgos Existenciales:** La IA avanzada plantea preocupaciones sobre la seguridad, incluida la posibilidad de que se utilice para fines maliciosos o que escape a un control humano adecuado. También existe la preocupación por los riesgos existenciales, como la superinteligencia que podría tener un impacto catastrófico en la humanidad.

7. **Ética en la Toma de Decisiones:** La IA se utiliza en la toma de decisiones en áreas críticas como la atención médica, la justicia y la seguridad. Garantizar que estas decisiones

sean éticas y justas es esencial para la confianza pública.

8. **Manipulación y Desinformación:** La IA puede ser utilizada para crear contenido falso o manipulado, lo que plantea preocupaciones sobre la desinformación y la manipulación de la opinión pública.

9. **Normas y Regulaciones:** Establecer normas y regulaciones éticas para la IA es un desafío en sí mismo. Los gobiernos y las organizaciones están trabajando para desarrollar marcos éticos y legales que guíen el desarrollo y uso de la IA.

10. **Impacto Global:** La IA no se limita a una región o país, por lo que sus implicaciones éticas tienen un impacto global. La colaboración internacional es esencial para abordar estos desafíos éticos de manera efectiva.

En resumen, el desafío ético de la IA involucra la necesidad de equidad, transparencia, responsabilidad y regulación en el desarrollo y uso de esta tecnología. La ética de la IA es un tema multidisciplinario que requiere la colaboración de expertos en ética, tecnología, legisladores, empresas y la sociedad en general para garantizar que la IA se utilice de manera beneficiosa y responsable para la humanidad.

2º Discusión sobre los desafíos éticos relacionados con la IA

Los desafíos éticos relacionados con la Inteligencia Artificial (IA) son un tema de gran importancia y debate en la actualidad. Aquí se presenta una discusión sobre algunos de los principales desafíos éticos que plantea la IA:

1. **Sesgo y Discriminación:** Uno de los desafíos más críticos es el sesgo en los algoritmos de IA. Los modelos de IA pueden aprender sesgos inherentes a los datos de entrenamiento, lo que puede llevar a decisiones discriminatorias en áreas como la selección de personal, la justicia y los préstamos. La eliminación de sesgos y la promoción de la equidad en los algoritmos son objetivos éticos fundamentales.

2. **Privacidad de Datos:** La recopilación y el uso de datos personales para entrenar modelos de IA plantean preocupaciones sobre la privacidad. Es fundamental que se establezcan prácticas éticas sólidas para proteger los datos de los usuarios y garantizar que se utilicen de manera adecuada y transparente.

3. **Transparencia y Explicabilidad:** Los modelos de IA, especialmente los de aprendizaje profundo, pueden ser difíciles de entender y explicar. Esto plantea la pregunta

ética de si debemos utilizar sistemas de IA cuyas decisiones no puedan ser explicadas o justificadas. La transparencia en los algoritmos y la toma de decisiones es esencial para la rendición de cuentas.

4. **Responsabilidad y Rendición de Cuentas:** Cuando los sistemas de IA toman decisiones erróneas o perjudiciales, es necesario determinar quién es responsable. La asignación de responsabilidad y la rendición de cuentas en el uso de la IA son cuestiones éticas críticas.

5. **Empleo y Automatización:** La automatización impulsada por la IA plantea desafíos éticos en términos de empleo y reemplazo de trabajos. La ética exige que se consideren las implicaciones sociales y laborales de la automatización y que se busquen soluciones para apoyar a las personas afectadas.

6. **Seguridad y Riesgos Existenciales:** La IA avanzada plantea preocupaciones éticas sobre la seguridad, incluida la posibilidad de uso malicioso o de que la IA escape al control humano. La ética también aborda los riesgos existenciales asociados con el desarrollo de la superinteligencia.

7. **Ética en la Toma de Decisiones:** La IA se utiliza en la toma de decisiones en áreas críticas como la atención médica y la justicia.

Es fundamental que estas decisiones sean éticas, justas y transparentes. La ética también cuestiona quién debe ser responsable de las decisiones tomadas por sistemas de IA.

8. **Manipulación y Desinformación:** La IA puede ser utilizada para crear contenido falso o manipulado, lo que plantea preocupaciones éticas sobre la desinformación y la manipulación de la opinión pública. La ética exige la identificación y mitigación de estas amenazas.

9. **Normas y Regulaciones:** Establecer normas y regulaciones éticas para la IA es un desafío importante. La ética de la IA es un tema multidisciplinario que involucra a legisladores, expertos en ética, empresas y la sociedad en general en la creación de marcos éticos y legales.

10. **Impacto Global:** Dado que la IA no tiene fronteras, sus implicaciones éticas tienen un impacto global. La ética exige la colaboración internacional para abordar estos desafíos de manera efectiva.

En última instancia, abordar estos desafíos éticos requiere un enfoque multidisciplinario que involucre a científicos de datos, expertos en ética, legisladores y la sociedad en general. La ética debe estar en el centro del desarrollo y uso de la IA para garantizar que esta tecnología sea beneficiosa y responsable para la humanidad.

3º Consideraciones sobre la privacidad, la discriminación y la toma de decisiones automatizada

Las consideraciones sobre la privacidad, la discriminación y la toma de decisiones automatizada son aspectos cruciales en la discusión ética en torno a la Inteligencia Artificial (IA). Aquí se abordan estos temas en detalle:

1. **Privacidad:**
   - **Recopilación de Datos:** La IA a menudo requiere grandes cantidades de datos para el entrenamiento y la toma de decisiones. La recopilación de datos debe realizarse de manera ética y transparente, y los usuarios deben otorgar su consentimiento informado para la recopilación de datos personales.
   - **Anonimización:** Los datos recopilados deben ser anonimizados siempre que sea posible para proteger la privacidad de los individuos. Esto implica eliminar información que pueda identificar directamente a una persona.
   - **Seguridad de Datos:** Se deben implementar medidas de seguridad sólidas para proteger los datos de los usuarios y prevenir violaciones de seguridad que puedan exponer información sensible.

- **Retención de Datos:** Es importante establecer políticas claras de retención de datos para garantizar que los datos personales no se almacenen durante más tiempo del necesario.

2. **Discriminación:**
   - **Sesgos en los Datos:** Los datos de entrenamiento pueden contener sesgos inherentes a la sociedad, como sesgos de género, raza o clase. Los modelos de IA pueden aprender estos sesgos y tomar decisiones discriminatorias.
   - **Auditoría de Sesgos:** Es importante realizar auditorías de sesgos en los modelos de IA para identificar y mitigar sesgos no deseados. Esto implica ajustar los datos de entrenamiento y los algoritmos para lograr una toma de decisiones más equitativa.
   - **Equidad en la Toma de Decisiones:** La ética exige que la IA tome decisiones justas y equitativas, sin discriminar a individuos o grupos basándose en características protegidas, como género, raza o religión.

3. **Toma de Decisiones Automatizada:**
   - **Transparencia:** Los sistemas de IA deben ser transparentes en sus

procesos de toma de decisiones. Los usuarios deben comprender cómo se llega a una decisión y cuáles son los factores que influyen en ella.

- **Explicabilidad:** La toma de decisiones automatizada debe ser explicada de manera que los afectados puedan entender y cuestionar las decisiones. Esto es esencial en campos como la justicia y la atención médica.
- **Rendición de Cuentas:** Las organizaciones y los individuos responsables de sistemas de IA deben rendir cuentas por las decisiones tomadas. Esto incluye la identificación de quién es responsable en caso de decisiones erróneas o discriminatorias.
- **Derecho a la Apelación:** Las personas afectadas por decisiones automatizadas deben tener el derecho a apelar y solicitar una revisión humana de las decisiones, especialmente en casos críticos.

En resumen, la ética en la IA se centra en abordar las preocupaciones relacionadas con la privacidad, la discriminación y la toma de decisiones automatizada. Esto implica establecer políticas y prácticas que protejan la privacidad de los usuarios, mitiguen los sesgos en los algoritmos y promuevan decisiones justas y equitativas. La colaboración entre tecnólogos, expertos en ética y reguladores es esencial para abordar estos desafíos éticos de manera efectiva y garantizar que la IA beneficie a la sociedad en su conjunto.

4º El papel de la regulación y la ética en el desarrollo de la IA

La regulación y la ética desempeñan papeles fundamentales en el desarrollo de la Inteligencia Artificial (IA) y en su aplicación en la sociedad. Aquí se exploran estos aspectos y cómo interactúan:

1. **Regulación de la IA:**
   - **Protección del Usuario:** La regulación de la IA tiene como objetivo principal proteger los derechos y la seguridad de los usuarios. Esto incluye la privacidad de datos, la equidad en las decisiones automatizadas y la prevención de prácticas engañosas.
   - **Seguridad:** La regulación debe establecer estándares de seguridad para garantizar que los sistemas de IA no representen riesgos para la seguridad de las personas o la sociedad en general. Esto es especialmente importante en aplicaciones críticas, como vehículos autónomos y sistemas de salud.
   - **Responsabilidad Legal:** La regulación también aborda la cuestión de la responsabilidad legal en caso de que un sistema de IA cause daño o tome decisiones

perjudiciales. Define quién es responsable y bajo qué circunstancias.

- **Estándares Éticos:** La regulación puede establecer estándares éticos que guíen el desarrollo y el uso de la IA. Estos estándares pueden incluir la prohibición de la discriminación y la promoción de la equidad.
- **Certificación y Evaluación:** Los organismos reguladores pueden requerir la certificación y la evaluación de sistemas de IA antes de su despliegue, para garantizar su conformidad con las normas y regulaciones establecidas.

2. **Ética en el Desarrollo de la IA:**
   - **Consideraciones Éticas en el Diseño:** Los desarrolladores de IA tienen la responsabilidad ética de incorporar consideraciones éticas en el diseño de sistemas desde el principio. Esto incluye la identificación y la mitigación de sesgos, la transparencia en la toma de decisiones y la protección de la privacidad.
   - **Auditoría Ética:** Se pueden llevar a cabo auditorías éticas para evaluar la conformidad de un sistema de IA con los estándares éticos. Esto implica revisar el proceso de

desarrollo y las decisiones tomadas durante el diseño.

- **Educación Ética:** Los profesionales de la IA deben recibir formación en ética para comprender y abordar los desafíos éticos en su trabajo.
- **Ética en la Toma de Decisiones:** Los sistemas de IA deben tomar decisiones éticas y justas. Esto implica la promoción de la equidad, la no discriminación y la consideración de las implicaciones éticas en la toma de decisiones automatizada.

3. **Interacción entre Regulación y Ética:**
- La regulación y la ética no son mutuamente excluyentes, sino que se complementan. Las regulaciones éticas pueden establecer normas mínimas, mientras que la ética promueve prácticas óptimas en el desarrollo y uso de la IA.
- La regulación puede ser un medio para hacer cumplir estándares éticos y garantizar que las organizaciones cumplan con sus obligaciones éticas.
- La regulación puede ser flexible para adaptarse al rápido avance de la tecnología de IA y a los cambios en las consideraciones éticas.

En resumen, la regulación y la ética son pilares fundamentales en el desarrollo responsable de la IA. Juntas, ayudan a garantizar que la IA se utilice de manera beneficiosa, segura y ética para la sociedad. La colaboración entre reguladores, desarrolladores, expertos en ética y la sociedad en general es esencial para abordar los desafíos éticos y garantizar un futuro ético y sostenible para la IA.

CAPÍTULO IX

1º El Futuro de la IA

El futuro de la Inteligencia Artificial (IA) es sumamente prometedor y continuará teniendo un impacto significativo en la sociedad en una amplia variedad de campos. Aquí se describen algunas de las tendencias y posibilidades clave para el futuro de la IA:

1. **Avances en Aprendizaje Automático:** Se esperan avances significativos en técnicas de aprendizaje automático, incluyendo modelos más grandes y potentes, así como métodos de entrenamiento más eficientes. Esto conducirá a mejoras en la capacidad de la IA para comprender datos complejos y realizar tareas sofisticadas.

2. **IA Explicativa:** La necesidad de entender y explicar las decisiones de la IA se volverá aún más importante. Se desarrollarán técnicas para hacer que los sistemas de IA sean más transparentes y comprensibles, lo que es crucial en campos como la atención médica y la justicia.

3. **Aplicaciones en Salud:** La IA desempeñará un papel clave en el diagnóstico médico, la investigación de medicamentos, la atención al paciente y la gestión de registros médicos. Se espera que mejore la precisión y la eficiencia en el sector de la salud.

4. **Vehículos Autónomos:** Los vehículos autónomos seguirán siendo un área de rápido avance. La IA permitirá que los vehículos sean más seguros y eficientes en la conducción, lo que podría revolucionar el transporte.

5. **Asistentes Virtuales Mejorados:** Los asistentes virtuales, como Siri o Alexa, se volverán más inteligentes y útiles, lo que mejorará la interacción con los usuarios en diversos contextos.

6. **IA en la Educación:** La IA se utilizará para personalizar la educación, proporcionando a los estudiantes recursos y tutoría adaptados a sus necesidades individuales.

7. **Automatización Robótica:** Los robots inteligentes impulsados por IA se utilizarán en una variedad de aplicaciones, desde la fabricación hasta la atención al cliente y la exploración espacial.

8. **Procesamiento de Lenguaje Natural Avanzado:** La IA seguirá mejorando en la comprensión y generación de lenguaje natural, lo que conducirá a traducciones automáticas más precisas, chatbots más conversacionales y resúmenes automáticos de texto.

9. **Énfasis en la Ética y la Regulación:** A medida que la IA se integre más en la sociedad, se prestará una mayor atención a la ética y la regulación. Se espera que se desarrollen marcos éticos y legales sólidos para guiar su uso.

10. **Investigación en IA General:** Se continuará la investigación en IA general, que busca desarrollar sistemas de IA que puedan aprender y razonar en una amplia gama de dominios, de manera similar a la inteligencia humana.
11. **Colaboración Humano-IA:** La IA se utilizará cada vez más para mejorar y complementar las habilidades humanas en lugar de reemplazarlas. La colaboración entre humanos y sistemas de IA será común en muchas áreas.
12. **Impacto en el Empleo y la Educación:** La automatización impulsada por la IA tendrá un impacto en el empleo, lo que requerirá una atención especial a la reconversión laboral y la educación continua.

En resumen, el futuro de la IA es emocionante y lleno de posibilidades. Si se gestiona de manera ética y responsable, la IA tiene el potencial de mejorar la calidad de vida, impulsar la eficiencia en muchas industrias y abordar desafíos complejos en la sociedad. Sin embargo, también es importante abordar las preocupaciones éticas y los riesgos asociados con su desarrollo y aplicación.

2º Perspectivas sobre cómo la IA continuará evolucionando en el futuro

El futuro de la Inteligencia Artificial (IA) promete un continuo avance y evolución en una serie de direcciones. Aquí se presentan algunas perspectivas sobre cómo la IA seguirá evolucionando:

1. **Modelos de Lenguaje Más Avanzados:** Los modelos de lenguaje como GPT (Generative Pre-trained Transformer) seguirán mejorando en términos de tamaño, comprensión y capacidad de generación de texto. Esto permitirá aplicaciones más sofisticadas de procesamiento de lenguaje natural, como la traducción automática y la generación de contenido.

2. **Aprendizaje Automático Más Eficiente:** Se espera que se desarrollen algoritmos de aprendizaje automático más eficientes y efectivos que permitan un entrenamiento más rápido y con menos datos. Esto facilitará la adopción de la IA en aplicaciones con recursos limitados.

3. **Visión por Computadora Avanzada:** Los sistemas de visión por computadora seguirán mejorando en la detección de objetos, reconocimiento de patrones y análisis de imágenes médicas. Esto tendrá aplicaciones en campos como la atención médica, la seguridad y la automatización industrial.

4. **IA Explicativa:** La comprensión de cómo los modelos de IA toman decisiones se

convertirá en un área importante de investigación. Se desarrollarán técnicas para hacer que los sistemas de IA sean más transparentes y explicables.

5. **Robótica Inteligente:** Los robots inteligentes equipados con IA se volverán más comunes en aplicaciones industriales, de atención al cliente y domésticas. Esto incluye robots colaborativos que trabajan junto a los humanos en entornos de trabajo.

6. **Automatización Cognitiva:** La automatización impulsada por la IA se expandirá más allá de las tareas repetitivas y rutinarias hacia la automatización cognitiva. Esto incluye la toma de decisiones complejas y la resolución de problemas en tiempo real.

7. **Aplicaciones en la Salud:** La IA se utilizará de manera más extensa en la atención médica, desde el diagnóstico hasta el seguimiento de pacientes y la investigación de medicamentos. Esto puede conducir a mejoras en la precisión y la eficiencia en la atención médica.

8. **Asistentes Virtuales Mejorados:** Los asistentes virtuales se volverán más inteligentes y personalizados, brindando a los usuarios una experiencia más natural y útil en diversas aplicaciones, como el comercio electrónico y la atención al cliente.

9. **IA en la Educación:** La IA se utilizará para personalizar la educación y proporcionar a los estudiantes recursos y tutoría adaptados a sus necesidades individuales.

10. **Énfasis en la Ética y la Regulación:** A medida que la IA se integre más en la sociedad, se prestará una mayor atención a la ética y la regulación. Se desarrollarán marcos éticos y legales sólidos para guiar su uso.
11. **Colaboración Humano-IA:** La colaboración entre humanos y sistemas de IA será común en muchas áreas, incluyendo la creatividad, la toma de decisiones y la resolución de problemas.
12. **IA General:** La investigación en IA general continuará, con el objetivo de desarrollar sistemas de IA que puedan aprender y razonar en una amplia gama de dominios, de manera similar a la inteligencia humana.

En resumen, la IA continuará evolucionando y desempeñando un papel cada vez más importante en nuestra sociedad. Si se maneja de manera ética y responsable, la IA tiene el potencial de transformar industrias, mejorar la calidad de vida y abordar desafíos complejos en campos como la salud, la educación y la sostenibilidad. La colaboración entre la comunidad científica, la industria y los reguladores será esencial para dar forma a un futuro de IA beneficioso y ético.

3º Posibles avances y aplicaciones emergentes

Los avances en Inteligencia Artificial (IA) están en constante evolución, y emergen nuevas aplicaciones a medida que la tecnología avanza. A continuación, se presentan algunas posibles áreas de avance y aplicaciones emergentes en el campo de la IA:

1. **Medicina Personalizada:** La IA puede utilizarse para analizar datos genómicos y clínicos con el fin de personalizar tratamientos médicos y predecir la susceptibilidad a enfermedades. Esto podría revolucionar la atención médica al proporcionar terapias más efectivas y precisas.

2. **Descubrimiento de Fármacos:** Los algoritmos de IA pueden acelerar el proceso de descubrimiento y desarrollo de medicamentos, identificando moléculas potenciales y evaluando su eficacia en modelos virtuales.

3. **Agricultura de Precisión:** La IA se está utilizando para optimizar la agricultura, desde la gestión de cultivos hasta la monitorización de plagas y enfermedades, lo que puede aumentar la eficiencia y reducir el uso de recursos.

4. **Generación de Energía Sostenible:** Los sistemas de IA pueden ayudar a gestionar y optimizar las redes eléctricas, así como

predecir la producción de energía renovable, lo que facilita la transición hacia fuentes de energía más sostenibles.

5. **Traducción Multimodal:** La IA está avanzando en la traducción multimodal, que combina texto, habla y imágenes. Esto es útil en aplicaciones como la traducción de idiomas y la accesibilidad para personas con discapacidades.

6. **Manufactura Inteligente:** La automatización impulsada por IA se está aplicando en la industria manufacturera para la producción eficiente y la detección de defectos en tiempo real.

7. **Robótica Colaborativa:** Los robots colaborativos, o "cobots", trabajan junto a los humanos en entornos industriales y de servicio, mejorando la eficiencia y la seguridad.

8. **Ciudades Inteligentes:** La IA se utiliza para optimizar el tráfico, la gestión de residuos, el suministro de energía y otros aspectos de las ciudades inteligentes, lo que mejora la calidad de vida de los residentes.

9. **IA en el Arte y la Creatividad:** La IA se está utilizando para crear música, arte y literatura, así como para asistir a profesionales creativos en la generación de contenido.

10. **Comunicación Aumentada:** Las tecnologías de IA, como la traducción en tiempo real y la generación de voz, están facilitando la comunicación global y la accesibilidad para personas con barreras lingüísticas o discapacidades.

11. **Exploración Espacial y Submarina:** Los sistemas de IA se utilizan para explorar entornos hostiles como el espacio y los océanos, lo que ayuda en la investigación científica y la búsqueda de recursos.
12. **Predicción de Desastres Naturales:** La IA se emplea para analizar datos climáticos y geoespaciales con el fin de predecir y mitigar desastres naturales como huracanes, terremotos e inundaciones.
13. **Asistencia en la Toma de Decisiones Éticas:** La IA puede proporcionar orientación en la toma de decisiones éticas, especialmente en campos como la medicina y la justicia, donde se deben considerar múltiples factores.

Estos son solo ejemplos de las áreas en las que la IA está emergiendo y evolucionando. A medida que la investigación y el desarrollo continúen, es probable que surjan aplicaciones aún más innovadoras y transformadoras en diversas industrias y aspectos de la vida cotidiana.

4º Desarrollos y tendencias esperadas en la IA

Los desarrollos y tendencias esperados en el campo de la Inteligencia Artificial (IA) son emocionantes y prometen transformar aún más la sociedad en los próximos años. Aquí hay una lista de algunas de las principales tendencias y desarrollos que se esperan en el campo de la IA:

1. **IA Explicativa:** La transparencia y la explicabilidad en la toma de decisiones de la IA serán fundamentales. Se esperan avances en técnicas que permitan comprender y explicar cómo los sistemas de IA llegan a sus conclusiones, especialmente en aplicaciones críticas como la atención médica y la justicia.

2. **Aprendizaje Continuo:** La IA se volverá más capaz de aprender de manera continua y adaptarse a cambios en el entorno y en los datos. Esto permitirá un aprendizaje más eficiente y la capacidad de mantenerse al día con información en constante evolución.

3. **IA Multimodal:** Se esperan avances en la capacidad de la IA para procesar múltiples tipos de datos, como texto, imágenes y voz, de manera simultánea. Esto mejorará la comprensión de la información en contextos más complejos.

4. **Generación de Contenido Creativo:** La IA seguirá mejorando en la generación de contenido creativo, incluyendo arte, música, escritura y diseño. Esto podría tener

aplicaciones en la industria creativa y la generación de contenido personalizado.

5. **Automatización Robótica Avanzada:** Los robots inteligentes se volverán más versátiles y autónomos, lo que permitirá su uso en una variedad de aplicaciones, desde la asistencia en el hogar hasta la manufactura avanzada.

6. **Asistentes Virtuales Mejorados:** Los asistentes virtuales se volverán más conversacionales, personalizados y útiles en una variedad de aplicaciones, desde el hogar inteligente hasta la asistencia en el trabajo.

7. **Énfasis en la Ética y la Regulación:** La atención a la ética y la regulación de la IA aumentará, con la promulgación de leyes y estándares para garantizar un uso responsable y ético de la tecnología.

8. **IA en la Educación:** La IA se utilizará más ampliamente en la educación para personalizar la enseñanza y la formación continua, lo que mejorará la calidad de la educación y el aprendizaje.

9. **Avances en la Salud:** La IA desempeñará un papel cada vez más importante en la detección temprana de enfermedades, el diagnóstico médico y la investigación de medicamentos, lo que podría salvar vidas y mejorar la atención médica.

10. **Procesamiento de Lenguaje Natural Avanzado:** Se esperan mejoras en la comprensión y generación de lenguaje natural, lo que facilitará la comunicación global y la interacción con sistemas de IA.

11. **Colaboración Humano-IA:** La colaboración entre humanos y sistemas de IA se volverá más común en una amplia variedad de campos, desde la toma de decisiones empresariales hasta la investigación científica.
12. **Desarrollo de IA General:** La investigación en IA general, que busca crear sistemas de IA que puedan aprender y razonar en múltiples dominios, continuará avanzando.
13. **Aplicaciones en la Sostenibilidad:** La IA se utilizará para abordar problemas relacionados con la sostenibilidad, como la gestión de recursos naturales y la mitigación del cambio climático.
14. **Seguridad Cibernética:** La IA se empleará para mejorar la detección y la prevención de amenazas cibernéticas y ataques de seguridad.

Estas tendencias y desarrollos en la IA tienen el potencial de mejorar la eficiencia, la calidad de vida y la resolución de problemas en una amplia gama de industrias y aplicaciones. Sin embargo, también plantean desafíos éticos y sociales que deben abordarse de manera responsable a medida que la tecnología avanza.

EPILOGO

REFLEXIONES Y FUTUROS ENCUENTROS

A medida que llegamos al final de estas conversaciones con una IA, es difícil no sentir un asombro y una anticipación por lo que el futuro nos depara. Hemos explorado las maravillas y los misterios de la Inteligencia Artificial, desde sus cimientos hasta sus aplicaciones más sorprendentes. Hemos discutido la ética y la responsabilidad que acompañan a la IA y hemos observado cómo esta tecnología está moldeando nuestra sociedad de maneras inimaginables.

Pero mientras cerramos este libro, es importante recordar que esta conversación está lejos de terminar. La IA continúa su evolución implacable y, con cada avance, se nos presentan nuevos desafíos y oportunidades. La IA es, en última instancia, una herramienta en manos de la humanidad, y depende de nosotros cómo la utilizamos y dirigimos su potencial.

Nuestro viaje a través de estas conversaciones nos ha recordado que la IA es tanto una creación nuestra como un reflejo de nosotros mismos. Como sociedad, enfrentamos decisiones críticas sobre cómo incorporar la IA en nuestras vidas y cómo abordar las cuestiones éticas y sociales que surgen en su camino. La colaboración entre humanos y sistemas de IA es esencial para aprovechar al máximo esta tecnología y para garantizar un futuro más brillante y equitativo.

Así que, mientras damos por concluidas estas conversaciones, no debemos olvidar que el diálogo sobre la IA está en constante evolución. La exploración de la IA y sus implicaciones es un viaje interminable, uno que nos llevará a descubrimientos aún más asombrosos y desafíos más apremiantes.

Espero que este libro haya sido un punto de partida en tu propia conversación con la IA. Que te haya inspirado a aprender más, a cuestionar más y a imaginar más. El futuro nos reserva innumerables posibilidades, y en nuestras manos está dar forma a un mañana que refleje nuestros valores y aspiraciones compartidas.

Hasta el próximo encuentro, en el próximo capítulo de nuestras conversaciones con la IA.